经济新常态、供给侧改革与产业发展

黄群慧　著

中国社会科学出版社

图书在版编目（CIP）数据

经济新常态、供给侧改革与产业发展／黄群慧著．—北京：
中国社会科学出版社，2017.8
ISBN 978 - 7 - 5203 - 1071 - 0

Ⅰ.①经…　Ⅱ.①黄…　Ⅲ.①中国经济—经济改革—
研究　Ⅳ.①F12

中国版本图书馆 CIP 数据核字（2017）第 234875 号

出 版 人　赵剑英
责任编辑　王　茵
特约编辑　周枕戈
责任校对　沈丁晨
责任印制　王　超

出　　版　中国社会科学出版社
社　　址　北京鼓楼西大街甲 158 号
邮　　编　100720
网　　址　http：//www.csspw.cn
发 行 部　010 - 84083685
门 市 部　010 - 84029450
经　　销　新华书店及其他书店

印　　刷　北京君升印刷有限公司
装　　订　廊坊市广阳区广增装订厂
版　　次　2017 年 8 月第 1 版
印　　次　2017 年 8 月第 1 次印刷

开　　本　710×1000　1/16
印　　张　22
插　　页　2
字　　数　219 千字
定　　价　89.00 元

目　　录

第三篇　国企改革新探索

第四篇　产业发展新趋势

第一篇　工业经济新常态

步入工业经济新常态：挑战与动力

经过多年的快速经济增长，中国已经步入工业化后期，经济面临从高速增长常态到中高速增长常态的阶段性转换。在这种经济发展阶段变化的大背景下，一直以来作为经济增长主要驱动力的工业，面临着新的挑战和风险，亟待转换增长动力，从而步入速度趋缓但结构趋优的发展新常态。

一、从工业增长速度变化、工业需求侧变化、工业产业结构和区域结构变化以及工业企业微观主体表现方面分析，种种迹象表明中国工业经济正走向一个速度趋缓、结构趋优的新常态。

自2010年第1季度规模以上工业增加值增速同比增长达19.7%后，中国工业增加值增速持续回落，到2014年前3季度，规模以上工业增加值同比降至8.5%。无论是从工业投资看，还是从消费、出口等方面看，增速回落都是一个共同的趋势。但与此同时，结构性优化的特征也日趋明显，从工业投资看，制造业投资增长远远高于采矿业投资增长，制造业内部高科技行业投资增长较快、而传统制造业行业投资增速下滑，工业技术改造投资保持高速增长；从消费看，消费结构加快升级，表现为农村消费继续快速增长、城乡消费差距呈现缩小态势，中西部地区社会消费品零售总额增长快于东部地区、区域消费差距逐步缩小，消费方式呈现多样化趋势，信息消费等新型消费业态增长较快；从进出口看，贸易结构不断优化，表现为机电产品和高技术产品出口增长远远高于全部工业品出口增长，加工贸易出口额比重不断下降，贸易主体日益多元化，内资企业出口竞争力逐步提升，中西部出口明显增快，进出口市场分布日趋多元。

从工业产业内部结构变化看，高加工度化趋势明显，技术密集型产业和战略性新兴产业发展迅速。工业中的原材料行业、装备制造业和消费品行业中，装备制造业增长迅速，居三大行业之首。近年高技术产业增速一直高于工业平均增速，节能环保、新一代信息技术产业、生物制药、新能源汽车等行业发展尤为迅速；从东中西部工业区域结构看，2005年以来工业增速总体上维持"东慢西快"的格局，虽然2010年以后各地区工业增速普遍出现下降，但2011年、2012年和2013年西部工业增速仍比东部工业增速分别高出9.7个、4.8个和1.6个百分点。中、西部地区原煤、天然气、电力等能源工业品一直占有优势，同时，近年微型计算机、集成电路等高技术产品也有不俗的表现，表明中西部地区工业结构也在不断升级；从企业微观主体表现看，随着工业增速逐渐放缓，企业经济效益指标增幅总体有所回落。但 2013 年后，工业企业盈利能力逐步趋稳，尤其是近年来我国工业技术创新能力不断提升，这不仅表现在研发投入和科技产出数量大幅提高，更为关键的是，一些重点领域的先进和核心技术不断取得突破，例如 2013 年，石化行业在煤气化技术装备、染料生产等方面有突破，医药行业化学 1.1 类新药临床申报数量已达总量的 13%，电子信息行业有 55 纳米相变存储技术、高性能图像传感器芯片等突破。

二、中国经济走向新常态的过程，也正是中国步入工业化后期的阶段，国际经验表明该阶段往往是曲折和极富挑战性的，中国当前必须高度重视产能过剩、产业结构转型升级和"第三次工业革命"三方面挑战。

近两年中国经济增长速度的明显下降，为什么不是一个周期性的短期下降、将来会"V"型反弹，而将是步入了一个中高速的"新常态"，理论界给出的基本判断是中国的潜在经济增长率下降了，中国步入了一个新的发展阶段。工业化理论认为，一个国家或者地区的经济发展阶段可以划分为工业化前期、中期和后期，每个阶段转换都伴随着经济发展的重要特征变化。各国历史经验表明，工业化后期与工业化中期相比，一个重要的特征变化是在中期依靠高投资、重化工业主导发展而支撑的高速增长将难以为继，潜在经济增长率将会自然回落。

我们的长期跟踪评价表明,2010 年中国的工业化水平综合指数已经达到 66,这意味着 2010 年以后中国进入工业化后期。伴随着经济阶段的转换和经济增速的下降,在工业化后期会出现一些重大的挑战和风险。对于我国而言,在众多挑战中,当前必须高度重视产能过剩、产业结构转型升级和新工业革命三大挑战。

当前产能过剩问题的性质和特征与以往不同,给中国经济带来的挑战严重性也不同寻常。一是国际金融危机后的本次产能过剩涉及领域更广、程度更严重。从范围上看,当前产能过剩的行业已经从钢铁、水泥、煤化工、平板玻璃等传统产业扩大到造船、汽车、机械、电解铝等领域,甚至扩展到光伏、多晶硅、风电设备等代表未来产业发展方向的新兴战略性产业。从产能过剩程度上看,从 2012 年 3 月起至 2014 年 10 月,中国工业生产者出厂价格指数 PPI 已经连续 32 个月负增长,在很大程度上说明当前中国工业存在严重的产能过剩、长期维持高库存以及实体经济不景气的情况。二是由于中国已经是名副其实的工业经济大国、有 200 多种工业产品产量居世界首位,许多产业已经达到年度需求峰值,当前许多行业的产能过剩,试图等待通过长期需求在以后逐步消化掉已几无可能;三是当前的产能过剩,是粗放的经济发展方式亟待转变、低成本工业化战略急需转型以及我国体制改革不到位的矛盾的集中体现,化解产能过剩不仅是与产业重组、雾霾治理、产业结构转型升级紧密相关的综合治理工作，而是和深化政府体制改革、转变经济发展方式密切相关，与我国治理体系和治理能力现代化进程密切相关。

工业化后期产业结构转型升级之所以构成了一个重要的挑战，是因为这个任务绝非是一蹴而就的。如果说，在工业化初中期，中国从一个农业大国转变为工业大国的产业升级主要通过"要素驱动战略"实现，那么在工业化后期，中国要实现从工业大国转变为工业强国和服务业大国的产业结构升级，更需要的则是"创新驱动战略"。"要素驱动战略"强调的是通过投资、劳动力、资源、环境等要素的低成本的大量投入来驱动经济增长，而"创新驱动战略"则强调的是通过技术创新和制度创新来实现经济的可持续发展。工业化后期的产业结构转型升级，不仅任务艰巨，更具挑战性的是我国政府习以为常的、推进产业转型升级的抓手——产业政策，其有效操作空间将相对有限。一方面，历史经验表明，工业化后期不同国家产业演进路径具有差异性，这意味着产业政策操作的目标并不十分明朗和单纯。另一方面，需要重新科学甄选产业政策的具体工具和措施，政府原有的许多产业政策工具，如直接补贴，将更多地受限，直接"赶超"型的产业政策的意义逐步衰减，产业政策更为重要的功能是加强物质性、社会性和制度性基础设施建设。

从世界范围看，中国的工业化后期与发达国家的"再工业化"叠加了，这使得中国工业化进程又增加了一些"变数"。以重振制造业和大力发展实体经济为核心的"再工业化"战略，并不是简单地提高制造业产值比例，而是通过现代信息技术与制造业融合、制造与服务的融合来提升复杂产品的制造能力以及制造业快速满足消费者个性化需求能力，这构成了所谓"第三次工业革命"的主要内容。"第三次工业革命"加速推进了先进制造技术应用，必然会提高劳动生产率、减少劳动在工业总投入中的比重，中国的比较成本优势则可能会加速弱化。同时，发达工业国家既可以通过发展工业机器人、高端数控机床、柔性制造系统等现代装备制造业控制新的产业制高点，又可以通过运用现代制造技术和制造系统装备来提高传统产业的生产效率，从而，"第三次工业革命"为发达工业国家重塑制造业和实体经济优势提供了机遇，那些为寻找更低成本要素而从发达国家转出的生产活动有可能向发达国家回溯，导致制造业重心再次向发达国家偏移，传统"雁阵理论"所预言的后发国家产业赶超路径就有可能被封堵。

三、面对新挑战，需要转换工业经济增长动力机制，在全面深化改革中寻求推进新型工业化和新型城市化的新动力。

面对工业化后期的各种新挑战，能否稳步进入工业经济"新常态"，关键要防止两方面风险，一是工业经济增长"失速风险"，也就是工业增速不断下滑，滑出可以接受的底线，从而诱发经济危机；二是工业经济结构"失衡风险"，工业发展中面临的突出矛盾和挑战不能得到有效解决和应对，产业结构转型升级难以实现，环境与资源问题依然突出，科技创新能力得不到有效提升，工业发展方式不能转变，这最终影响到工业的协调、可持续发展。而在当前工业增长动力趋弱的情况下，要避免"失速风险"和"失衡风险"，关键是能否通过转换工业增长动力机制来增强工业增长的新动力。

在工业化后期，工业增长的动力主要可以归结为两个大的方面，一方面是工业化自身演进过程中由于技术进步和产业结构升级而产生的供给推动力；另一方面是城市化进程中由于城市发展而产生的需求拉动力。无论是来自工业化深化的推动力，还是来自城市化推进的拉动力，在劳动力、资本等要素驱动乏力情况下，更为根本的动力来自创新。这种创新不仅仅包括一般意义的技术创新，还包括改革开放意义的制度创新，考虑到中国技术创新能力不够，很大程度上是受到体制机制约束，未来中国工业增长的"源"动力更大程度上表现为制度创新。党的十八届三中全会提出了全面深化改革的各项措施，对完善创新生态系统、转换工业增长动力机制具有重大意义。一是坚持和完善基本经济制度，充分激发了各类所有制经济的活力和创造力，强化了中国工业创新发展动力机制；二是加快建设统一开放、竞争有序的现代市场体系，形成公平竞争的要素市场，能够极大地完善工业发展环境；三是加快转变政府职能，深化财税制度改革，能形成有效的产业政策体系和合理的税收负担；四是健全城乡发展一体化体制机制，有利于形成中国工业发展重要拉动力；五是构建开放型经济新体制，可以倒逼中国工业加快培育国际竞争新优势；六是推进教育、科研等社会事业领域的改革创新，能够促进生产性服务业与工业的协调发展；七是加快生态文明制度建设，可促进工业增长和工业经济发展方式转变。总之，步入新常态的中国工业发展战略是，全面深化改革，转换工业增长动力机制，以创新驱动战略协调推进新型工业化和新型城市化进程，达到中高速增长、结构优化的经济新常态。

（原文载于《光明日报》2014 年 12 月 10 日 15 版）

工业化后期中国经济面临的趋势性变化与风险

改革开放以来，中国经济快速增长有赖于成功地推进了工业化进程。工业化理论认为，一个国家或者地区的经济发展过程可以划分为前工业化、工业化前期、工业化中期、工业化后期和后工业化阶段，每个阶段转换都伴随着经济发展的重要特征变化。我们的长期跟踪评价表明，2010 年中国的工业化水平综合指数已经达到 66，这意味着 2010 年以后中国将进入工业化后期（陈佳贵、黄群慧等，2012）。在整个工业化初中期，中国工业化进程的特征可以概括为：人口众多的大国工业化、长期快速推进的工业化、低成本出口导向的工业化、区域发展极不平衡的工业化（黄群慧，2013）。但近几年，在进入工业化后期，中国的工业化进程的特征正在发生改变——从高速、低成本、出口导向、不平衡的发展"旧常态"向中高速、基于创新的差异化、内外需协调和区域平衡的发展"新常态"转变。这个转变能否实现，事关中国能否顺利走完工业化后期阶段，最终实现工业化。本文试图分析工业化后期阶段中国经济面临的趋势性变化与风险，把握了这些趋势性的变化，认识存在的相应风险，才会对中国工业化后期经济发展特征有深刻的认识，进而有助于制定科学的工业化战略和经济政策。

一　经济增速放缓趋势与"失速风险"

2001—2011 年，中国经济年均增长率为 10.4%，而 2012—2013 年，中国经济全年增速均为 7.7%，2012 年到 2014 年上半年，各个季度的经济增长率都在 7%—8% 之间。中国经济增长前沿课题组（2014）预测 2014 年经济增长率为 7.4%，未来 5 年增长率预期为 6.4%—7.8%；国务院发展研究中心"中长期增长"课题组预测 2014 年经济增长率为 7.5%，2015 年为 7.3%，未来十年平均增速为 6.5%（刘世锦，2014）。同样，改革开放以来，工业经济维持了高速增长，然而近三年来却出现了明显的下滑趋势，2012 年和 2013 年规模以上工业企业增加值增速仅仅为 10% 和 9.7%，比 2011 年分别下降了 3.9 个和 4.2 个百分点，且 2014 年 1—11 月进一步下滑到 8.3%。我们预计 2014 年全年，规模以上工业企业增加值增速将维持在 8.3% 左右，比 2013 年下降 1.4 个百分点。因此，连续三年经济增速已表现出明显的放缓趋势。

　　经济增速放缓之所以成为一个趋势性的变化，而不是一个周期性的短期下降、将来会"V"型反弹，理论界给出的基本判断是中国的潜在经济增长率下降了，中国步入了一个新的发展阶段。潜在经济增长率下降的原因，其中比较代表性的是人口红利视角的解释（蔡昉，2013）。基于人口红利理论，中国经济之所以能够高速增长多年，主要来自与劳动年龄人口增长、人口抚养比下降相关的人口红利，由于在2004年出现了以民工荒和工资上涨为标志的"刘易斯转折点"，在2010年劳动人口达到峰值出现负增长，人口红利消失了，中国潜在经济增长率下降将是必然的，经济发展阶段将发生根本性的变化。另外还有解释认为，中国经济进入了结构性减速阶段，正处于投资驱动工业化高增长向效率驱动城市化稳速增长过渡（中国经济增长前沿课题组，2013）。而有的学者则直接将其称之为我国进入中国增长平台转换期，现在经济增速下降不是同一平台的短期波动，而是不同增长平台的转换（刘世锦，2013）。从工业化进程看，各国历史经验表明，工业化后期与工业化中期相比，一个重要的经济发展特征变化是在工业化中期由于依靠高投资、重化工业主导发展而支撑的经济高速增长将难以为继，工业化后期由于主导产业的转换、潜在经济增长率下降，经济增速将会自然回落（黄群慧，2014）。

　　既然经济增速放缓是一种趋势性变化，宏观调控的目标就主要不是依靠反周期刺激保持高增速，而是要顺应这种趋势，但这并不意味着可以容忍经济增速下滑出合理的区间，对"经济失速"风险不加防范。这要求必须坚持"底线思维"，以潜在产出增长率为基础确定一个宏观调控的合理增速区间，通过系统的工具保证经济在这个合理增速区间运行，通过货币政策对短期需求发挥调节作用，在提高经济下行容忍度、增加经济韧性同时，守住不发生系统性金融危机和财政危机的底线。虽然说不强刺激，但经济发展中，需要使用降息或降准等货币政策工具时也要及时使用（国家行政学院经济形势课题组，2015）。实际上，从高速"旧常态"走向中高速"新常态"的过程，就是从一个稳定均衡走向另一个稳定均衡的过程，这个过程往往不是一帆风顺的，而是会出现波动与跳跃，会有所谓的"突变""混乱"或"危机"。而"底线思维"的核心就是要避免或者妥善处理新旧均衡状态转换过程中"突变""混乱"或者"危机"，从而保证经济在不"失速"的前提下顺利走向"新常态"。

二　经济服务化趋势与"制造业空心化"风险

伴随着2011年以来经济增速放缓，中国经济服务化的趋势十分明显。到2013年，服务业增加值占GDP比例达到了46.1%，而工业增加值占比为43.9%，服务业占比首次超过了工业，成为最大占比产业。无论是从中国的工业化进程看，还是从产业结构高级化趋势看，2013 年服务业产值比例首次超越工业产值比例，在一定程度上都是一个具有象征意义的转折点。2014 年上半年增长速度为 8%，高于第二产业 7.4% 的增长速度，服务业占 GDP 的比重继续上升达到 46.6%，从统计上看，服务业成为供给的主要驱动力。长期以来，大力发展服务业、推动产业结构的转型升级一直是中国的产业政策的激励导向和发展战略的目标方向，2013 年服务业产值比例超过工业产值比例，这既在一定程度上表明了我国经济政策的有效性，也成为中国经济发展阶段变化的一个重要的标志，可以预见这种趋势日后还会更加明显。

但是，在清楚认识到并顺应经济服务化的趋势同时，我们还必须防范"制造业空心化"的风险。虽然我国还没有趋势意义上的制造业向外转移，但当前由于可持续发展的诉求日益强烈以及弥漫着一些工业和服务业关系的错误认识，一味强调大力发展服务经济，也加重了这种"制造业空心化"风险。因此防范"制造业空心化"，关键是不能因为经济服务化的趋势而看低制造业在我国经济发展中的重要地位。我们必须认识到以下几点。

第一，统计意义的三次产业分类及其数据，扭曲了一个经济体的最终产出的真实情况，由于工业生产的"迂回生产"的特性，本属于工业生产过程的中间产出，都被统计为服务业，这意味着采用三次产业产值比例来判断是否处于主导地位，是一种统计意义的方法,直观简便但并不全面。

第二,从一个经济体的能力角度看,虽然制造业在发达市场经济国家经济总量中的比重不断下降,但制造业本身所蕴含的生产能力和知识积累却是关系一国经济长期发展绩效的关键(Hausmann & Hidalgo,2011)。

第三,从工业和技术创新的关系看,工业特别是制造业不仅是技术创新的主要来源,而且还是技术创新的使用者和传播者。20世纪末期美国的"新经济"之所以破灭,在很大程度上是由于信息技术还没有发展到在制造业广泛使用的局面,更多停留在"技术革命"而非"工业革命"层面。Pisano & Shih(2012)提出产业公地(industrial commons)概念,分析了制造业对创新的支撑作用,认为制造业构成了一个国家和地区创新能力的重要基础,是创新生态系统中核心环节之一,创新只有在研发部门与制造部门频繁地沟通和互动中才能顺利实现。美国过去大规模的离岸外包和"制造业空心化"损害了本国创新能力、破坏了创新生态系统,进而埋下了金融危机的根源。

第四,服务业劳动生产率低速增长特征以及中国服务业的低效率显著制约了服务业对经济发展支撑作用的进一步发挥。Baumol(1967)的"服务业成本病"理论在中国有一定的适用性。不仅如此,另外的一份研究表明,中国贸易部门(主要是工业部门)与非贸易部门(主要是服务业部门)的 TFP 增长率之比为 2.04，而美国为 1.47，日本为 1.17，欧盟为 1.0（陈昌盛、何建武，2014），这意味着中国要从工业主导的经济转向服务业主导的经济，将会面临更大的效率损失。如果中国过快推进经济从工业主导向服务业主导转变，将面临劳动生产率加剧衰退的情况，效率失衡问题将变得十分严重，经济运行风险将陡然上升，甚至有可能陷入"中等收入陷阱"。

第五，加快生产性服务业发展是中国服务业发展的战略重点。一方面，推进中国从工业大国向工业强国转变、促进制造业转型升级，对生产性服务业发展有极大的牵引需求，进而有利于生产性服务业的发展。另一方面，促进生产性服务业发展，有利于引领产业向价值链高端提升，有利于中国制造复杂产品能力提升，有利于制造业转型升级和经济结构调整。因此，加快发展生产性服务业具有重要的战略意义，中国应该以加快生产性服务业发展为战略重点，推进工业和服务业的协调发展。

总之，虽然 2013 年中国国民生产总值中服务业产值比例超过工业，但工业在中国经济发展中的重要地位没有变化。当前中国服务业还无法完全替代工业成为经济的主导力量，中国服务业发展战略的重点应是围绕"做强工业"而大力发展生产性服务业。

三　产业结构高级化趋势与"技术升级陷阱"风险

随着中国工业化进程的推进，中国产业结构也在日趋高级化。从工业产业内部结构变化看，高加工度化和技术密集化趋势明显，技术密集型产业和战略性新兴产业发展迅速。在整体工业增速下滑的背景下，工业中的原材料行业、装备制造业和消费品行业中，装备制造业增长迅速，居三大行业之首。2014年1—10月制造业仍维持了9.5%的增速，而采矿业，以及电力、燃气及水的生产和供应业却仅仅维持了4.8%和3.1%的增速。从具体行业看，高技术产业增速一直高于工业平均增速，节能环保、新一代信息技术产业、生物制药、新能源汽车等行业发展尤为迅速。2014年1—10月，中国增长最快的10个行业分别是废弃资源综合利用业，燃气生产和供应业，文教、工美、体育和娱乐用品制造业，金属制品、机械和设备修理业，汽车制造业，铁路、船舶、航空航天和其他运输设备制造业，医药制造业、计算机、通信和其他电子设备制造业，金属制品业，这些行业都保持了两位数的增速，这反映了中国产业结构向清洁化、高加工度化和技术密集化的高级化方向发展的趋势。

工业化后期，相比之前从劳动密集型产业主导向资本密集型产业主导转换，工业结构由资本密集型主导向技术密集型主导转型升级面临着更大的困难，许多发展中国家由于长期依赖低成本要素和技术引进，被锁定在价值链低端，形成制度惯性和路径依赖，无法实现这个转型升级过程，在较长时间难以实现制造技术从中低端向高端、从模仿创新向自主创新、从产品创新向工艺创新的突破，导致经济长期徘徊不前。这对应"中等收入陷阱"，可以认为是"技术升级陷阱"（国家发改委产业经济与技术经济研究所，2014）。实际上，这些年中国科技创新投入大幅度增长，2013 年 R&D 投入占 GDP 比重达到 2.09%，居发展中国家首位，超过了部分高收入国家水平，中国研发人员全时当量已达 353.3 万人年，居世界第一，也在一系列关键领域取得了重大突破，但是，目前中国创新能力还有待加强，整体上还未进入世界先进行列，尤其是核心技术自主性很差，中国的纺织机械、高端机床、高速胶印机、集成芯片制造设备和光纤设备制造设备产品进口分别达到 70%、75%、75%、85% 和 100%。

当前，制约中国科技创新能力提升的关键已不主要是科技创新投入少的问题，而是中国科技创新体制机制还有许多方面亟待完善，严重影响到了科技创新投入的产出效果，造成科技创新效率低下。当今时代的科技创新是一项十分复杂的系统工程，其创新效率取决于复杂的创新生态系统的运行效率。国际上创新活动的竞争，不仅仅是一个企业或者一个产业的竞争，而是一个创新生态系统的竞争。因此，加强体制机制改革，完善创新生态系统,是我国未来能否摆脱"技术升级陷阱"的关键。这里的体制机制改革,不仅仅包括科技创新体制机制改革,还涉及整个社会经济体制改革,包括政府管理体制、货币金融制度、财税制度、土地制度、干部考核制度、产权保护制度、文化体制等各个方面的改革。必须强调的是,避免"技术升级陷阱",需要的是整个创新生态系统的构建和完善,需要的是全方位的锲而不舍的努力。

四 "两化融合"趋势与"新工业革命"风险

自 2003 年以来,中国一直努力推行以信息化带动工业化、以工业化促进信息化的"两化融合"的新型工业化战略,在"两化融合"方面已经取得了很大成就,对中国快速的工业化进程起到了很好的促进作用。从世界范围看,在中国进入工业化后期以后,其工业化又与发达国家的"再工业化"叠加。以重振制造业和大力发展实体经济为核心的"再工业化"战略,并不是简单地提高制造业产值比例,而是通过现代信息技术与制造业融合、制造业与服务业的融合来提升复杂产品的制造能力以及制造业快速满足消费者个性化需求能力。从这个意义上看,发达国家的"再工业化"的核心内涵也是"两化融合",通过"两化融合"使得制造业重新获得竞争优势。虽然制造业信息化趋势的源头可以追溯到 20 世纪八九十年代,但金融危机后，随着对制造业发展的重视，政府开始大力推动，例如，美国提出《制造业行动计划》、德国提出"工业4.0计划"，欧盟提出"未来工厂计划"等，于是，制造业信息化成为世界工业化进程的重要趋势。制造业信息化表现为人工智能、数字制造、工业机器人等基础制造技术和可重构制造、3D打印等新兴生产系统的技术突破与广泛应用，就构成了"第三次工业革命"的主要内容。但是，"第三次工业革命"不能仅仅理解为由3D打印、工业机器人等个别新的制造技术、设备的出现和应用引起的突变，实质是一个由信息技术创新引发的内涵丰富的、多层次的、已经发生突破但仍处于演进中的工业系统变革。虽然这场变革是"第三次工业革命"，但并不意味着是一夜来临，实际上从1954年5月24日第一台晶体管电子计算机诞生，到现在已经有60多年的历史。但现在提出"第三次工业革命"是合适的，主要是因为信息技术的发展及成本大幅度降低，使信息技术在工业生产制造中大规模的使用并引起了制造范式的革命性的变化。

"第三次工业革命"成为世界工业化进程中突出的新趋势，这种趋势对中国工业化进程形成了需直面的竞争关系，可能会形成冲击和挑战（黄群慧、贺俊，2013）。一方面，进一步弱化中国的要素成本优势，中国必须推进低成本工业化战略转型。"第三次工业革命"加速推进了先进制造技术应用，必然会提高劳动生产率、减少劳动在工业总投入中的比重，中国的比较成本优势则可能会加速弱化。另一方面，对中国产业升级和产业结构升级形成抑制。现代信息技术的应用提升了制造环节的价值创造能力，使得制造环节在产业价值链上的战略地位将变得与研发和营销同等重要，过去描述价值链各环节价值创造能力差异的"微笑曲线"有可能变成"沉默曲线"、甚至"悲伤曲线"。发达工业国家不仅可以通过发展工业机器人、高端数控机床、柔性制造系统等现代装备制造业控制新的产业制高点，而且可以通过运用现代制造技术和制造系统装备传统产业来提高传统产业的生产效率，从而，"第三次工业革命"为发达工业国家重塑制造业和实体经济优势提供了机遇，曾经为寻找更低成本要素而从发达国家转出的生产活动有可能向发达国家回溯，导致制造业重心再次向发达国家偏移，传统"雁阵理论"所预言的后发国家产业赶超路径可能被封堵。这些挑战和冲击，对中国在工业化后期加速推进更高层次的"两化融合"提出了要求。

五　去产能化趋势与经济债务风险

国际金融危机后，中国产能过剩问题日益突出。中国当前的产能过剩，由于处于工业化后期阶段，试图等待经济形势复苏后依靠快速经济增长来化解已几无可能。中国进入了工业化后期，已经是名副其实的工业经济大国，有200多种工业产品产量居世界首位,接下来的任务是由工业大国发展到工业强国。在从大到强转变的过程中,产能过剩从以前相对过剩转为现实的绝对过剩,也就是说,以前周期性产业过剩后来都可以慢慢通过长期需求消化掉,但到工业化后期以后,许多产业已经达到年度需求峰值,不可能有长期需求把峰值吸收掉了。例如煤炭行业,有研究预计中国煤炭消费总量的峰值应在 2015年,到 2017 年原煤消费总量会降低到 35 亿吨左右,而中国目前生产和在建产能为 55 亿吨,产能绝对过剩问题十分突出;又如钢铁行业,有研究表明,发达国家均在完成工业化进程之后达到国内钢铁消费峰值,除了日本和德国以外,大多数国家平均为 0.6 吨/人左右,如果按照 2013 年 7.8 亿吨的粗钢产量测算,中国人均粗钢消费量已接近 0.6 吨,逼近了发达国家钢铁消费峰值,中国钢铁消费已接近饱和水平,这意味着内需层面很难实现爆发式增长以在短期内消化 2 亿吨左右的过剩产能(黄群慧,2014)。产能过剩问题,如果矛盾得不到化解,在微观层面,会出现恶性价格竞争、企业效益大幅下滑、大量企业破产、员工失业等现象,在宏观层面,环境问题日益严重,系统性经济风险会加剧,有可能进一步产生经济危机,从而影响社会经济稳定发展。因此,一方面产能过剩已经无法通过周期需求逐步化解,另一方面产能过剩产生的微观和宏观经济影响巨大,因此政府必须出面治理产能过剩。政府先后出台了《国务院批转发展改革委等部门关于抑制部分行业产能过剩和重复

建设引导产业健康发展若干意见的通知》（国发〔2009〕38
号）、《国务院关于化解产能严重过剩矛盾的指导意见》（国发
〔2013〕41号）等一系列治理产能过剩的政策，从这个意义
说，宏观经济进入"去产能化"时代。与成熟的市场经济国家
不同，中国的产能过剩问题有市场自身供求关系变化引起的经
济周期波动方面的原因，有工业化阶段方面的原因，但更为关
键的是经济体制与发展方式的原因。由于产能过剩的严重性、
原因的复杂性和发展方式转变任务的长期性，这种去产能化的
任务不可能一蹴而就，去产能化趋势还将持续较长时间。

由于去产能化加大了整个经济的债务风险，我们必须高度
重视并有效防范。在去产能化过程中，一些企业因自身经营不
善会关闭破产，一些企业会因生产能力落后被要求淘汰。这就
造成产能过剩行业的债务风险存在向其他行业传导的可能：一
是对供应商应收货款偿付困难，将债务负担传导到上游行业；
二是由于经营不善或关闭、破产，造成缴纳税收额下降，减少
了地方投融资平台的收益，使其负债率提高；三是制造业企业
效益的下滑和去产能化将会给按时偿还商业银行和"影子银
行"本息带来严峻挑战，金融风险有可能进一步积聚加大。更
为严重的是，绝大多数产能过剩行业都属资本密集型，前几年
大规模集中投资意味着现在处于大规模集中还贷期，因此，现
阶段这些产能过剩企业现金流日趋紧张，出现破产和债务违约
的风险日益加大。

为防范由于去产能化而产生的债务风险，要注重以下政策：一是统计部门要建立产能利用月度发布制度。统计部门要尽快建立和完善产能过剩的判断和评价体系，按月度发布综合产能利用率和具体行业产能利用率，这一方面用于支持中央的决策，另一方面也有利于引导企业的投资行为，促进资源合理配置。二是完善金融风险防火墙。优化贷款审批和评估机制，一方面优化存量，继续加强对产能过剩严重行业贷款的风险管控，针对具体行业产能过剩原因实施差别化信贷政策。另一方面控制增量，优化调整信贷结构，要在对未来行业走势做出科学判断基础上决定贷款投向，严控对落后产能的信贷支持。三是促进产业升级和新兴产业的发展。化解产能过剩既要做好淘汰落后产能、削减落后产能的"减法"，又要做好加快产业升级、做大新兴产业的"加法"，将过剩产业内的投资资金引导到具有巨大市场发展前景的产业中去。

六　供给要素集约化趋势与要素市场改革滞后风险

进入工业化后期，决定经济增长的供给要素条件都发生了明显的变化。从劳动力要素看，到2010年以后，由人口年龄结构产生的"人口红利"逐步消失，2012年年末，中国15—59岁劳动年龄人口比上年减少了345万人，第一次出现了绝对下降，2013 年则进一步减少了 244 万人。劳动参与率也在不断下降，已经从 2005 年的 76% 下降到 70.8%；从资本要素看，工业资本边际产出率不断下降，2002 年中国工业边际资本产出率为 0.61，2012 年则下降至 0.28；从全要素生产率来看，2003—2012 年工业经济全要素生产率增长率年均值为 -0.051 个百分点，2008—2012 年工业经济全要素生产率增长率年均值更是下降至 -1.82 个百分点（江飞涛等，2014）。劳动人口年龄结构变化、全要素生产率和资本边际产出递减的趋势共同表明，中国经济发展的中长期供给要素正在发生变化，国内劳动力、资金、土地、资源和技术等要素正日益稀缺。具体表现为，在劳动力成本不断上升的同时劳动力市场面临"招工难"和"就业难"的局面，高投资受到杠杆率过高的约束日益难以为继，以技术引进为主导的技术创新方式受到诸多挑战，资源环境约束不断加强，等等。在要素供给趋紧的背景下，中国的经济增长主要依靠要素数量投入来驱动的格局就越来越难以维持，必须实现从供给要素数量驱动到供给要素质量驱动的转变，也就是说，供给要素集约化就成为中国经济可持续增长的必然要求，这种趋势也就成为一种必然。

面对劳动、资本等要素红利逐步消失，要素供给的瓶颈制约作用日益增大，要素集约化要求日益强烈，中国必须深化要素供给市场改革，提高要素供给的质量和效率。迄今为止，相对于一般商品市场，中国要素市场改革还相对比较滞后，甚至有人认为是严重滞后。事实上，中国目前在经济、社会中的诸多深层次矛盾均是要素市场化滞后的外在表现，如城乡差距大、收入差距过大、教育公平问题、中小企业融资难、农地补偿纠纷、科技成果转化不够等现象。目前中国要素市场化改革滞后，不仅是外在的市场交易形式的壁垒，更主要的是市场主体的权属的二元结构。这种二元结构不仅表现在城乡二元要素结构，还表现在不同所有制企业之间存在的二元要素结构。

十八届三中全会提出"市场在资源配置中起决定性作用"，与十四届三中全会同样是强调市场的作用不同，十八届三中全会中的"市场"则更突出关注要素市场化，也就是说，与以往市场化改革主要集中于包括消费品、生产资料在内的一般商品市场不同，此次改革中集中关注的市场化内容主要是，包括资本、土地、货币、管理、劳动力、资源环境、技术等要素市场的改革。要素市场化改革是十分复杂的，资本、货币、技术、土地、资源环境、劳动力、人才等市场不仅有各自的特性，而且市场化改革进程也不相同，具体涉及农民工市民化、打破垄断行业行政管制、不同所有制企业平等使用要素、消除资本流动障碍、提高资本市场配置效率、推进科研体制改革、深化教育体制改革、提高企业技术创新能力等多块"硬骨头"问题，因此，要有针对性的分层分类推进，既要有顶层设计，又要有可行的路线图和具体推进措施。考虑到这些改革的难度，可以预计供给要素集约化趋势要求和要素市场化改革滞后的矛盾将在较长时间存在，并成为我国未来经济发展要解决的重大问题。

七　功能性产业政策主导趋势与
"政策失效"风险

工业化后期，直接"赶超"型的产业政策的意义逐步衰减，产业政策更为重要的功能是加强物质性、社会性和制度性基础设施建设，健全有利于创新的市场制度、公平竞争的市场环境，产业政策着力点更多地向功能性产业政策转变。从产业结构角度看，中国一度存在的三次产业之间、轻重工业之间、加工工业与基础工业之间等部门数量比例不协调的矛盾已经逐步得到解决，中国产业结构问题主要表现在第一产业基础不稳、第二产业大而不强、第三产业效率不高的矛盾，但这本质上不是数量关系的不协调，而是制度创新和技术创新不够使得生产性服务业发展滞后，使得在为农业加工和服务，促进制造业提高效率、提升价值链等方面的服务功能的滞后。尤其是在中国已经成为工业大国，形成了庞大的投资能力和加工制造能力，以前的结构性产业政策容易导致投资过度和产能过剩。理论界一直有一种声音质疑长期以来中国政府依靠产业政策扭曲资源配置和经济结构。

一份对 1980—2010 年中国工业全要素生产率的测算表明，长期以来，以能源和基础材料工业为代表的低效率的上游工业部门，不断地接受各种或明或暗、或直接或间接的公共资源补贴，实际上也在"补贴"着"高效率的"以出口为导向的下游成品及半成品部门，这种"交叉补贴"造成了对土地、环境等方面的成本透支，进而使经济结构扭曲和失衡（伍晓鹰，2013）。近年来，对一些目标产业的补贴，例如战略性新型产业，也备受争议，甚至有观点认为是产业政策导致了产能过剩。应该说，对于中国这类后发赶超型国家，产业政策的作用是毋庸置疑的，但问题是如何根据发展阶段的不同正确选择产业政策的目标、方式和措施。工业化后期，中国产业政策需要从选择性产业政策主导转为功能性产业政策主导。

顺应功能性产业政策主导的趋势，并不是一件容易的工作。由于功能性产业政策以鼓励创新、创造公平的市场竞争环境、培育有效的市场竞争结构、培育人力资本优势、完善体制机制为重点，与选择性产业政策相比，其政策抓手和作用机制并不直接，短期内效果也不显著，这与中国的政府业绩考核体系和要求不吻合，有可能使产业政策流于形式，达不到产业应该有的效果，这意味着存在功能性产业政策"失效风险"。解决该问题的关键是要在产业政策的具体工具、作用方式上下功夫。功能性产业政策并不意味着以补贴、税收优惠、贴息为主的扶持性政策完全不可采用，关键是采用这些工具时要从这些政策的实际效果出发，发挥这些政策工具对于其控制产业制高点、促进新兴产业和主导产业发展确实起到了重要的"催化"作用。从美、日、德、韩等国家的扶持性产业政策看，这些产业政策的重点是扶持切实的前沿技术和新兴产业，统筹解决新兴技术和前沿技术的研发、工程化和商业化问题，有利于研发、技术标准和市场培育的协同推进。而且，政府补贴是产业基金等产业政策工具的有效补充，绝大多数补贴规模实际上并不大，更加关注对企业或公共研发机构的配套资金投入的"带动"作用，以及补贴资金的使用效率和透明度，从而最大限度地提高了公共资金对于提升创新能力和产业竞争力的效果。

八 全球价值链地位攀升趋势与 "双端挤压"风险

从国际分工角度看，后发国家的经济转型与发展的关键是要解决如何实现从价值链低端向中高端攀升的问题。改革开放以来，中国抓住了全球化带来的机遇，积极融入全球分工体系，逐步推进了自给自足的封闭经济向利用国内外两个市场、国内外两种资源的开放型经济转变。近些年中国呈现出在全球价值链中从低端向中高端攀升的趋势。从工业出口结构看，2013 年中国机电产品和高技术产品出口值分别比 2012 年同期增长 7.3% 和 9.8%，高于全部工业品出口值 5% 的增长率。其中集成电路出口尤为乐观，2013年累计出口交货值同比增长达64.1%；从加工贸易出口额比重看，1999年这一比重达到56.9%，进入21世纪加工贸易出口占比逐步下降，2013年已降至38.9%。而且，中国国内市场规模不断增大，内部分工体系逐步形成，技术创新能力也在不断增强，中国与新兴市场的交流和合作不断深化，这为中国向全球价值链的高端攀升提供了很好的条件和机遇。

但是，中国向全球价值链高端攀升过程中，也面临着发达国家的高端挤压和新兴经济体低端挤出的"双端挤压"的风险。一方面，国际金融危机以后，发达国家反思了"制造业空心化"产生的问题，纷纷推进了"再工业化"战略。近年来，以福特、GE为代表的美国制造业企业明显加大了在本土的投资规模，根据波士顿咨询集团预测，2020年将会有多达60万个制造业岗位从中国返回美国。同时，美、欧等国家（地区）加速构建新一轮全球贸易、投资秩序新格局，通过积极推进TTIP（跨大西洋贸易与投资伙伴协议），美国正在组织创建超越WTO规范的全面性经贸自由化网络，这将成为制约中国制造业融入新的贸易、投资秩序的重大障碍，对中国产品向TPP成员国出口造成威胁，对中国在全球制造业竞争体系中的比较成本优势形成冲击。另一方面，新兴经济体快速崛起，发展中经济体如东盟、印度等将以更加低廉的成本优势实现对中国制造的替代。例如，泰国的制造业劳动生产率与中国大致相当，但人均工资水平却显著低于中国；而越南、印度和印度尼西亚的制造业劳动生产率和平均工资均低于中国。随着这些国家的经济发展，其制造业区位吸引力会快速提升，对中国引资的替代效应将逐渐增强。因此，未来中国在攀升全球价值链过程中必须突破高端被发达经济体封杀、低端被新兴国家阻击的"夹击"格局。

（原文载于《中国经济学人》2015 年第 2 期）

适应经济"新常态" 促进园区新发展[*]

改革开放以来，中国工业化进程的快速推进与中国工业园区迅速发展密不可分。工业园区作为一种通过政策引导形成的聚集生产要素、提高集约强度、突出产业特色、优化功能布局的现代化产业分工协作生产区，包括各种类型的开发区，如国家级经济技术开发区、高新技术产业开发区、保税区、出口加工区以及省级各类工业园区等，在中国工业化进程中发挥了重要作用。

一 工业园区发展的基本成就

总的看来，中国工业园区发展先后经历了三个阶段：一是20世纪80年代至90年代初的示范推广阶段，经济特区和沿海

---

* 本文与叶振宇副研究员合作。

开放城市率先创立出口加工区和外商投资区，并逐步将发展经验向全国其他地区推广；二是 20 世纪 90 年代中期到 21 世纪初的全面建设阶段，各地逐步兴建了数千个类型多样、规模不一、等级不同的工业园区；三是 2010 年以来的转型升级阶段，工业园区发展重点转向促进产业升级转型、完善功能配套、加强园区协作等方面。

据不完全统计，截至 2013 年年底，国家有关部门批准设立国家级经济技术开发区 215 家、高新技术产业开发区 115 家、出口加工区 53 家，此外，还有上千家省级各类开发区，这些国家级经济技术开发区和高新技术产业开发区大部分位于东部地区。实践证明，这些工业园区为中国工业发展提供了强有力的支撑载体。国家级经济技术开发区工业增加值占全国工业增加值的比重从 2000 年的 4.2% 上升到 2013 年的 22.8%，国家级高新技术产业开发区工业增加值占全国工业增加值比重从 1998 年的 7.5% 上升到 2013 年的 19.7%，2013 年国家级经济技术开发区和高新技术产业开发区工业增加值占全国工业增加值比例超过了 40%。

二　政府在工业园区建设中的基本经验

尽管中国工业园区建设是从国外借鉴而来的，但经过这么多年的发展，已融入了"中国元素"，实现了本土化，尤其是中国政府在工业园区建设中发挥了至关重要的作用。政府的主要的经验做法包括四方面。

一是积极主动引导产业向园区集聚。中国工业发展曾在20世纪80年代经历过了"村村点火、户户冒烟"的过程，后来证明这种发展模式违背了产业集聚内在规律。而鼓励企业向工业园区集中恰好解决了企业过度分散和土地无序开发问题，这样不仅能够为企业加强生产协作创造有利的条件，也能够提高土地开发利用效率。

二是先行大力推进工业园区基础设施建设。地方政府经常把基础设施建设视为工业园区发展的"先手棋"和招商引资的"筹码"，积极利用财政投入、土地出让和土地抵押贷款等方式筹集资金，加大园区基础设施建设。目前，中国工业园区基础设施建设基本达到"五通一平"，有相当一部分园区已达到"七通一平"，良好的基础设施为园区工业发展提供了有利的条件。

三是不断努力创造中央和地方"政策叠加效应"。为了帮助本地工业园区在较短时间内发展起来，地方政府充分利用中央出台的各种特殊政策和当地实行的优惠政策，加大对园区的招商引资、企业发展、基础设施建设、共性技术平台建设、公共服务管理等方面的支持力度，大力改善园区投资的软硬环境。

四是构建完善政府组织保障机制。地方政府为了推进工业园区开发与管理，通常成立"园区管委会"作为政府的派出机构，并从政府有关职能部门抽调业务骨干到管委会任职，这样既能够尽快开展园区各项工作，确保短期见效，也便于协调好管委会与政府各职能部门之间的关系。同时，地方政府通常也成立了土地开发公司，负责园区土地开发、基础设施投融资、物业管理等业务，保障园区建设顺利推进。事实证明，这些经验做法符合实际，实施效果好，不仅为中国工业园区实现大范围建设提供了可遵循的思路，也为中国工业园区发展经验对外推广提供了可复制的模式。

三　工业园区发展中存在突出问题

虽然中国工业园区已取得了令人瞩目的成就和成功的经验，但在开发建设与运营管理过程中仍然存在一些问题，尤其是在经济增速从高速增长向中高速增长转变的步入"新常态"过程中，这些问题更为突出。

一是"两张皮"管理体制弊端显现。工业园区管委会作为地方政府的派出机构，只是代表政府负责园区规划、开发建设、投融资、运营管理等业务职能，但不能履行项目立项、土地审批、税收征收、城建管理、社会服务管理等政府职能。因此，工业园区管委会与所在地的同级政府在社会服务管理、土地征用、利益共享、环境保护、基础设施规划建设等方面容易产生分歧甚至对立，从而致使园区发展受到牵制。

二是产业关联配套不够。中国工业园区普遍存在企业扎堆集聚但彼此联系松散的问题，甚至有些园区还出现了"有企业、无产业"现象。同时，很多工业园区主导产业缺少服务配套产业支撑，产业链较短，不能形成规模优势，从而制约了产业竞争力整体提升。

三是土地低效开发。跟发达国家同类园区相比，中国工业园区土地投资强度和产出强度明显偏低，工业用地利用效率不高，有些园区的开发甚至演变为企业的"圈地运动"。同时，许多地方为了招商引资而展开激烈的地价竞争，向企业提供价格极低甚至无偿使用的工业用地。

四是园区功能配套不足。一方面，工业园区基础设施水平呈现地带梯度差距，东部明显好于中西部；中西部地区一些工业园区经常因基础设施不完善而难以吸引到产业项目。另一方面，中国工业园区长期以来存在"重生产、轻生活，重发展、轻配套"的现象，产城关系被人为割裂，园区城市功能配套不足，影响了当地的投资环境以及居民和从业者的生活品质。此外，中国相当多的工业园区只是工业生产的"工地"，对共性技术服务平台、创新服务网络、区域创新体系等方面重视不足，"产业创新公地"缺失。

五是主导产业低水平同质发展。在短期利益的驱使下，有些地方政府不顾实际、片面规划发展短平快项目或新兴产业，结果导致园区主导产业特色不突出，并出现低水平、同质化、过度发展，从而加剧行业产能过剩风险。

四 "新常态"下促进工业园区健康发展的建议

当前中国经济正步入"新常态"，工业结构优化和转型升级步伐不断加快，工业园区发展方式也亟待从数量扩张向质量提升转变，针对上述问题，应努力推动以下六个方面工作。

一是推进园区管理机构体制改革。鼓励地方先行先试，探索"两个牌子，一套班子"、"一个书记，两个班子"、"园区管委会托管行政区"等创新发展模式，从行政体制、人事安排、运作模式等方面进行大胆创新，妥善处理好园区派出机构与所在地同级政府之间关系，逐步建立良性互动、协作发展、利益共享的长效机制。

二是促进园区关联配套产业发展。不断提高政府在产业规划、招商引资、园区服务管理等方面的业务能力，充分发挥市场在主导产业选择中的关键作用。鼓励园区向精致化、专业化、集群化方向发展，做特、做优、做强主导产业，并形成分工合理、相对完整的产业链。加大园区产业链整合，通过产业链招商、平台共建、资源共享等方式促进关联或配套产业共同集聚。

三是探索灵活、多样的工业用地转让。改变工业用地一次性转让，探索以租代售、BOT、共有产权等方式向企业出让工业用地，建立工业用地（或厂房）的产权交易市场，实施工业用地绩效考核评价，完善工业用地动态调整机制。

四是提升园区配套功能。一方面，地方政府要大胆引入BOT、PPP等基础设施投融资运作模式，广泛吸引社会资本参与，提升园区基础设施配套能力，特别是解决欠发达地区工业园区的基础设施欠账问题。另一方面，坚持分类引导、因地制宜、产城融合的思路，提升工业园区的城市功能配套，促进传统工业园区转型升级，促进高水平的产城融合发展。

五是加快示范性园区建设。把握工业园区特色化、高端化、绿色化、信息化的发展趋势和正在孕育的产业变革，从全国遴选出一批条件较好的园区创建创新型园区，支持这些园区大胆探索科技、金融、产业与园区的融合发展模式，加强"产业创新公地"建设，深化科技创新体制改革，积极发挥示范引领作用。

六是建立国家级园区管理协调机制。从国家层面出发，推进国家级园区管理体制改革，逐步建立经济技术开发区、高新技术产业开发区、出口加工区、保税（港）区、综合保税区、自由贸易区等功能性园区的协调机制，成立临时性的部际协调机构，加强职能部门之间的政策对接、业务衔接和联动监管。同时，简化国家级园区行政审批程序，规范、整合国家级园区优惠政策，借此带动地方政府规范省级及以下各类园区发展，努力为园区创造更加公平、有序、透明的发展环境。

（原文载于《人民日报》2014年11月16日5版，题目是"适应新常态促进新发展"）

中国工业经济下行背后深层次变化

　　影响一国经济长期稳定发展的因素众多，如果关注的视角不同，会有不同的判断。当前中国工业经济下行压力比较大，2015年上半年规模以上工业增加值下滑到1998年以来的最低点，截止到2015年8月工业生产者出厂价格指数PPI已经连续42个月为负增长。于是看空中国经济，甚至认为中国制造业要崩溃的论点又开始蔓延。但是如果不是仅仅关注一些表面数字，而是关注到中国工业经济下行的背后的深层次的变化，那么就会看到唱空中国经济、认为中国制造业要走向崩溃的论点不是十分肤浅，就是别有用心的。

　　一要关注到中国工业经济下行背后是工业化阶段的变化。我们研究表明，在进入"十二五"时期以后，中国的工业化进程从中期步入后期，而工业化国家的实践表明，到工业化后期都面临着经济增速从工业化中期的高速增长向中高速甚至中速增长的趋势性变化。中国工业增速下滑实际上反映了工业化进程推进到一个新阶段的典型特征。进入 21 世纪，中国的基本国情就从农业大国转变为工业大国，中国已经有 220 多种工业品产量居世界第一位，由于进入工业化后期，这些工业品的需求高峰已过，于是产能过剩问题突出，PPI 连续 42 个月负增长在很大程度上是产能过剩问题的一个表现。因此，无论是工业增速下滑，还是 PPI 的连续负增长，实际上都是中国步入工业化后期的阶段性特征，有其合理性和必然性。

二要关注到中国工业经济下行背后是宏观调控追求目标的转变。在认识到中国经济发展的阶段性变化规律的前提下，中国宏观经济调控目标已经逐步从重速度转向优结构，从保增长转向促就业，试图通过深化改革推进经济增长方式从粗放向集约转变。我们的目标是要适应并引导速度趋缓、结构趋优和动力转换的经济"新常态"。因此，中国工业增速下滑并不是完全被动的结果。实际上，在看到中国工业增速下滑同时，我们也必须看到，2013 年中国三次产业结构服务业占比首次超过了工业，工业中高技术产业增速明显快于传统产业，高耗能产业投资增速放缓，东中西部地区差距缩小，这都表明了中国经济结构调整取得了积极进展，也体现出中国宏观调控政策的积极效果。当然，我们并不是要放任工业经济"失速"而超越"底线"。2015 年 7 月 30 号中共中央政治局召开会议分析上半年的经济形势时，就指出了要高度重视经济下行压力，高度重视防范和化解系统性风险。我们调控的目标是在保证不"失速"的前提下提高经济的韧性，重视解决工业经济运行中仍存在的一些突出问题，包括产能过剩、中小企业活力不足、企业融资难和融资成本高、中小企业资金面紧张等，保证工业经济从粗放的高速增长的"旧常态"转向集约的中高速增长的"新常态"。

三要关注到工业经济下行背后是中国制造能力的大幅度提升。经济增速变化仅仅是经济运行的结果，不是决定性因素。一国经济长期稳定发展的决定性因素是该国制造能力的不断提升，尤其是是否具备制造复杂产品的能力。这是发达国家在经历金融危机后所达成的共识，正是基于这种共识，发达国家纷纷实施"再工业化"战略，并推出各类制造业振兴计划。因此，我们判断中国经济未来，不仅要看短期中国工业经济增速变化，更重要的是要关注近些年中国制造能力的变化。2013 年，中国制造业产出占世界比重达到 20.8%，自 2010 年始已连续 4 年保持世界第一大国地位；中国是世界上唯一一个在联合国工业大类目录中，拥有所有工业门类（39 个工业大类、191 个中类、525 个小类）的制造能力的国家。中国制造能力的提升不仅表现在制造产品数量增加上，也体现在质量改善上，"十二五"期间，中国取得了探月"嫦娥"、入海"蛟龙"、中国高铁、"天河一号"、国产大飞机 C919、"天宫一号"北斗卫星导航系统、高压输变电设备、万米深海石油钻探设备等一批体现高精尖制造业复杂性生产能力突破的重大科技成果；从工业内部结构变化看，高加工度化趋势明显，2014 年制造业维持了 9.4% 的增速，而采矿业、电力燃气及水的生产和供应业的增速仅为 4.5% 和 3.2%。制造业中技术密集型产业和战略性新兴产业发展迅速，近年高技术产业增速一直高于工业平均增速，节能环保、新一代信息技术产业、生物制药、新能源汽车等行业发展尤为迅速；中国制造在国际分工价值链中的地位不断攀升，在高技术产品与中低技术产品上与美国、日本的差距都呈缩小趋势，以华为、中兴为代表的一批中国企业已经步入高技术行业的领先行列。对于一个具有庞大而且正在不断提升制造能力的大国，因为一段时期工业经济下行压力大，就判断该国制造业会面临崩溃，这种结论显然是十分草率的。

在关注到上述工业经济下行背后的趋势性变化之后，还要看到，更具有积极意义的是中国正在推进"一带一路"倡议、《中国制造 2025》战略以及京津冀协调发展和长江中游城市群等新区域发展战略，这些倡议战略的推进对未来中国经济持续稳定发展意义重大。其中《中国制造 2025》推出，旨在进一步提升制造复杂产品能力，解决中国制造大而不强的问题，顺应制造业信息化和制造业服务化的世界工业化进程的新趋势，这是一个兼具短期经济增长效应和长期经济持续发展效应的制造强国战略规划。《中国制造 2025》的积极推进，这使得我们对中国工业经济和制造业的未来充满信心。

（原文载于《人民日报》2015 年 12 月 2 日 7 版，原文题目是"看到工业下行 更应看到制造能力提升"）

再造工业发展新生态系统

2015 年是"十二五"的收官之年，虽然从整个"十二五"期间看，工业经济平均增速达到了 8% 预期目标，但在整个"十二五"期间呈现逐年明显下滑趋势，到 2015 年工业经济增速已经是自 1992 年以来最低，2015 年规模以上工业增加值增速为 6.1%，预计全部工业企业增加值增速为 5.6%。在这种下行压力下，如何看待 2015 年的中国工业运行特征呢？2016 年中国工业经济又会面临怎样的形势？

第一，2015 年工业经济增速加速下滑的特征表明，认为工业经济已经从"旧常态"进入"新常态"还为时过早，稳定均衡的工业经济"新常态"现在还只是一个愿景。

改革开放以来，按照经济波动看，中国的工业增长大体可以划分为四个波动周期，分别是 1978—1985 年、1985—1992 年、1992—2007 年和 2007 年到现在，其中 1992 年为改革开放以来最高增速，全部工业增加值增速高达 21.2%。在 2007 年

以来这个最近周期中，2007 年全部工业增加值增长达到
14.9%，2008—2009 年连续下降后，2010 年又回升到 12.1%，
随后出现明显下滑态势，2011—2014 年全部工业增加值增速分
别为 10.7%、7.9%、7.6% 和 6.9%，降幅分别达 1.4 个、1.8
个、0.3 个、0.7 个百分点，预计 2015 年全部工业增加值增速
将下降至 5.6% 左右，降幅扩大到 1.3 个百分点。从规模以上
工业企业增加值看，2011—2014 年分别为 13.9%、10%、
9.7% 和 8.3%，分别下降 1.8 个、3.9 个、0.3 个和 1.4 个百
分点，而 2015 年规模以上工业企业工业增加值下降到 6.1%，
降幅扩大到 2.2 个百分点。这意味着，2015 年工业不仅延续 5
年来同比下滑态势，而且相对 2013—2014 年，呈现加速下滑
的态势。实际上，2015 年已经是自 1992 年以来长达 23 年的两
个周期中最低工业增速。

　　虽然 2015 年这种增速还不能称之为"失速"，仅仅是减
速，但在如此大的经济下行压力下，企业利润锐减，债务加
重，工业运行风险突出。2015 年全国规模以上工业企业实现利
润总额 63554 亿元，比上年下降 2.3%，实现主营业务活动利
润 58640.2 亿元，比上年下降 4.5%。伴随着利润下降，企业
负债率开始高企。有数据显示，2015 年中国企业部门债务占
GDP 的比重超过 175%，企业偿还债务的规模预计超过 GDP 的
11%，占新增贷款的 60%，中国面临着债务—通缩的巨大
压力。

　　对于 2015 年工业增速下降，无论是从人口红利角度分析，还是从中国进入工业化后期阶段来判断，都是与潜在增长率下降趋势相吻合的，也与从高速增长"旧常态"转为中高速增长"新常态"趋势相一致。而且考虑到这个增速是在中国已经是世界第一的制造业大国基础上取得的，面对"工业规模巨大，环境约束增强"的背景，这个增速的确已来之不易。但是，问题在于 2015 年延续了近几年"减速换挡"趋势，而且这种减速程度进一步加大了，这意味着当前工业增速加速探底的过程尚未结束，还未达到一个相对稳定的"中高速"常态。我们所理解的工业经济"新常态"应该是一个相对稳定的工业经济中高增速，但面对工业增速逐年下降，甚至加速下降，只能说明中国工业经济增长并未从高速下降到一个中高速的均衡点或者均衡区间，因此称中国已经从"旧常态"进入"新常态"还为时过早。我们所追求的经济"新常态"，2015 年的数据表明还仅仅是一个正在步入的"愿景"。

　　第二，工业经济运行呈现明显的行业分化特征，表明经济增长动力正在转换，但转换的速度有待提高。

　　如果要用一个关键词来概括整体世界经济和中国经济运行的特征，也许"分化"是一个最佳的选择。从世界经济看，呈现三重"分化"特征，美国经济持续复苏，已经开始引发加息的预期，而欧日经济正在筑底，仍在维持量化宽松政策，新兴经济体经济衰退恶化，不断倒逼加码宽松政策。而中国经济，更是呈现多重分化特征，包括投资增速趋缓与消费增速提升的需求结构分化，工业增速趋缓与服务业增速提升的产业结构分化，消费品价格稳定和生产品价格持续大幅走低的物价运行分化，劳动力和土地价格继续上行和资金价格明显下行的供给结构分化，等等。

对于工业内部运行而言，2015 年行业分化的特征也十分明显。一是从大类看，采矿业规模以上工业增加值增长 2.7%，电力、热力、燃气及水生产和供应业增长 1.4%，而制造业规模以上增加值增长 7.0%。其中制造业中的高技术产业增加值比上年增长 10.2%，比规模以上工业增加值增速快 4.1 个百分点，占规模以上工业增加值比重为 11.8%，比上年提高 1.2 个百分点。二是从具体的行业看，41 个工业大类行业中，计算机、通信和其他电子设备制造业增长 5.9%，医药制造业，化学原料和化学制品制造业规模以上工业增加值增长都超过了 9% 以上，三个行业的主营业务收入分别增长 6.9%、9.1% 和 2.3%，利润分别增长 5.9%、12.9% 和 7.7%；而煤炭开采和洗选业、石油和天然气开采业、黑色金属冶炼和压延加工业的主营业务收入分别下降 14.8%、32.6% 和 13%，利润则分别下降高达 65%、74.5% 和 67.9%。总体上看，一些高技术及其相关行业和一些经济下行时的逆周期性行业（如金属制品、机械和设备修理业），2015 年保持了较高的增速，而一些资源开采、原材料产业下滑十分严重。这被描述为"冰火两重天"。

这种行业分化特征，无疑是一种工业增长结构不断优化、动力正在转换的表现。但是，这种转换的速度和力度还远远不够：一方面，高新技术等新兴产业规模不够，在整个工业中所占比例还不高，在经济下行巨大压力下增速还不够快；另一方面，一些原材料产业产能过剩问题突出，出现了断崖式的下降，这"增少减多"的动力转换格局必然影响了整体工业的增速。这如同一辆汽车新安装的发动机提供的"马力"小于旧发动机熄火损失的"马力"，于是汽车原有的速度就无法支撑。

第三，《中国制造2025》、"互联网＋"战略的推出，表明面对前所未有的工业下行压力和困境，我国已完成了战略布局的突破，这是2015年中国工业经济发展的最大亮点。

2015年中国工业运行加速下行的特征，从内部根源看是中国工业亟待转型升级的"转型之痛"的集中体现，从外部根源看则是发达国家的高端挤压和新兴经济体低端挤出的"双端挤压"的结果。一方面，经过多年发展，我国已经在数量上成为世界第一的工业大国，但还不是工业强国，这表现为传统产业中的关键装备、核心零部件和基础软件严重依赖进口和外资企业，新兴技术和产业领域全球竞争的制高点掌控不足，钢铁、石化、建材等行业的产能过剩问题突出并长期存在，总体上工业化与信息化融合程度还比较低，资源利用和环境保护的总体压力不断加大等，这直接影响了工业发展的可持续性。另一方面，中国工业抓住了全球化带来的机遇，积极融入全球分工体系，近年来出现从全球价值低端向中高端攀升的趋势，但是，发达国家通过推进"再工业化"战略（例如，美国的"先进制造业国家战略计划"，德国的"工业4.0"，法国的新工业34项计划）以及加速构建新一轮全球贸易、投资秩序新格局（例如积极推进 TTIP）对中国工业价值链的攀升构成了高端挤压，而新兴经济体快速崛起，发展中经济体如东盟、印度等将以更加低廉的成本优势实现对中国制造的替代，因此，中国工业在全球竞争中面临高端被发达经济体封杀、低端被新兴国家阻击的"夹击"格局。

针对制造业的转型升级重任和"双端挤压"困境，2015年5月中国推出《中国制造2025》，2015年7月国务院出台《关于积极推进"互联网+"行动的指导意见》。《中国制造2025》是一个突破中国制造业"双端挤压"困境战略规划、实现转型升级的路线图以及工业强国建设的十年行动纲领，提出了中国制造业2025年迈入制造强国行列、2035年整体达到制造强国中等水平、2050年步入制造强国前列的长期发展目标。而《关于积极推进"互联网+"行动的指导意见》则以加快新一代信息通信技术与工业深度融合为主线，以实施"互联网+制造业"和"互联网+小微企业"为重点，以高速宽带网络基础设施和信息技术产业为支撑，旨在打造新形势下产业竞争新优势。这两个战略的推出，其意义不仅仅在于自身中国制造业有了到2050年的发展蓝图，更在于描绘了中国未来整体经济增长"新发动机"的设计蓝图，这在 2015 年中国经济面临巨大下行压力、经济增长动力转换背景下，对提振市场信心具有重要作用。虽然 2015 年工业下行压力巨大，但在发展方向和战略布局的突破方面，也是颇具有深远意义的。

第四，2016 年还处于工业持续探底阶段，规模以上工业增加值月度波动区间应在 4.5%—6% 之间，2016 年工业发展的重中之重是推动实现供给侧结构性改革的突破。

2016 年是"十三五"的开局之年，我国工业经济形势仍然复杂而严峻。国际上受发达经济体需求管理政策的能否持续、新兴经济体和发展中国家连续 5 年下滑的势头能否得到有效遏制等多因素影响，有专家预测世界经济增长率将维持在 3% 左右；国内考虑到投资和消费增长可能都会回落到 10% 以下的个位数增长，出口有望走出谷底，国内外多家机构预测经济增速应该在 6.5% 左右，其中多数认可在 6.7%。对于工业而言，考虑到制造业投资下滑、去产能和去库存任务艰巨、债务风险隐患增多，而《中国制造 2025》战略实施效果还有待时日，基于我们的预测模型，规模以上工业增加值全年应该在 5.5% 左右，月度波动区间应在 4.5%—6% 之间，2016 年工业还处于持续探底阶段。

对于中国工业发展而言，2016 年关键是实现供给侧结构性改革的突破，真正能够在"十三五"开局之年能够有实质性深层次的改革推进，逐步形成实施工业强国战略的有效机制，从而加快推进工业增长动力转换，尽早实现工业经济增长的筑底成功。工业供给侧结构性改革的主要目标是改善要素资源配置机制，再造一个工业发展的新生态系统。这个新工业生态系统运行的核心是提高工业创新能力与全要素生产率，从而促进工业增长方式从劳动力和物质要素总量投入驱动主导转向知识和技能等创新要素驱动主导，推动中国从工业大国向工业强国转变。

工业供给侧改革的具体任务可体现在企业、产业和区域三个层面。在企业层面，要加快处置"僵尸企业"，对持续亏损三年以上且不符合产业结构调整方向的企业，采用资产重组、关闭破产等措施予以"出清"；政府向企业简政放权，降低企业制度性交易成本；深化国有企业改革，2016 年能够在垄断行业国有企业混合所有制改革、建立以"管资本"为主的国有资产管理体制、国有经济战略性布局调整和完善现代企业治理结构等方面迈出实质性的步伐；完善企业创新激励机制，重视发挥和调动企业家的核心作用。在产业层面，积极推进《中国制造 2025》与"互联网＋"战略，但要坚决避免以加快推进《中国制造 2025》为借口，进一步强化实施选择性产业政策，从而影响良好技术创新生态的建设，最终背离了《中国制造 2025》的初衷；打破生产性服务业垄断和市场管制、改革投资审批、加强信用制度建设等深化体制机制改革措施，消除体制机制障碍，提高生产性服务业服务制造业的能力和效率；注意产业政策与竞争政策的协调,推进产业政策从政府选择、特惠措施为主的选择性产业政策取向,转向普惠性、促进公平竞争和科技进步的功能性产业政策取向,从而促进竞争政策基础地位的逐步实现。在区域层面,通过培育和发挥市场机制的引导,来推进"一带一路"战略、京津冀协同发展战略、长江经济带战略和东北老工业基地振兴新战略,政府要构建有效的产业环境来促进劳动力、资金等供给要素的跨区域流动,形成区域开放与协调发展新格局。

(原文载于《上海证券报》2016 年 2 月 26 日)

中国工业在稳增长与调结构之间
寻求平衡

在 2015 年工业增速创 23 年最低之后，2016 年上半年工业运行情况备受关注。2016 年上半年工业总体表现为"缓中趋稳、有限复苏"，工业增速下降、工业品价格下降、实体企业利润下降的格局得到一定程度扭转，但工业运行风险概率依然较大，供给侧结构性改革仍任重而道远。中国工业经济仍然艰难地在稳增长与调结构之间寻求平衡。

第一，工业增加值增速缓中趋稳，工业品价格、工业企业利润和工业出口都呈现了一些积极迹象，而在积极迹象背后隐藏着粗放经济增长方式回头的担忧。

2016 年上半年工业增速呈现缓中趋稳，规模以上工业企业增加值增速为 6.0%，比 2015 年全年略低 0.1 个百分点，其中第一季度增速为 5.8%，第二季度增速为 6.1%，第二季度比一季度加快 0.3 个百分点，从月度数据看，1—2 月、3 月、4

月、5月和6月规模以上工业企业增加值增速分别为5.4%、6.8%、6%、6%、6.2%，3月以来增速也趋于稳定；工业品出厂价格降幅持续收窄，企业库存压力有所缓解，2016年1—6月工业品出厂价格分别同比下降5.3%、4.9%、4.3%、3.4%、2.8%、2.6%，连续6个月收窄。5月末，工业企业产成品存货同比下降1.1%，已连续两个月减少；工业企业盈利状况有所改善，2016年1—5月，全国规模以上工业企业实现利润总额23816.4亿元，同比增长6.4%，增速比2015年提升8.7个百分点，但比2016年第一季度回落1.0个百分点；工业出口降幅持续收窄，2016年1—5月，规模以上工业企业实现出口交货值44559亿元，同比下降1.5%，降幅比2015年全年收窄0.3个百分点，比2016年一季度收窄1.5个百分点。5月，工业企业实现出口交货值9653亿元，同比名义增长0.8%，是2015年4月以来增速首次实现正增长。

虽然工业呈现上述有限回暖的积极迹象，但回暖原因除了国际大宗商品价格回调以外，可能要更多地归于近半年来房地产价格、成交面积和投资等指标"疯狂"上升而带动的粗放经济增长方式回头趋势。例如，2016年5月，煤炭开采业、黑色金属冶炼和压延加工业、有色金属冶炼和压延加工业利润同比分别增长2.5倍、1.6倍、32.1%，2016年3—5月，中国粗钢产量同比分别增加2.9%、0.5%和1.8%，结束了自2014年10月以来持续负增长态势，4月中国日均粗钢产量创历史新高，5月全国百家中小型钢铁企业中高炉开工率保持在85%以上，钢厂复产给钢铁去产能任务增加了难度。工业政策要在稳增长与调结构、短期与长期中寻求平衡。现在看来，没有一定的需求侧刺激，工业增速会下降过快，经济和社会都可能由于下行压力过大而难以承受，但不是通过推进供给侧结构性改革提高潜在工业增长率而形成的增长则是不可持续的，还可能给未来经济运行埋下更大的风险。

第二，工业行业结构继续呈现高级化趋势，但必须高度注意强选择性产业政策可能引起的战略性新兴产业产能过剩问题。

工业三大门类中，制造业一直保持最高增速，2016年1—5月，制造业增长6.7%，虽然比2015年全年减少0.3个百分点，但比2016年一季度加快0.2个百分点；采矿业增加值同比增长0.7%，比2015年全年减少2.0个百分点，比2016年一季度减少1.4个百分点；电力、热力、燃气及水生产和供应业增长2.3%，比2015年全年增加0.9个百分点，比2016年第一季度回落0.3个百分点。尤其是上半年战略性新兴产业、高技术产业和装备制造业同比分别增长11%、10.2%和8.1%，分别比规模以上工业增加值增速快5.0个、4.2个和2.1个百分点，其中高技术产业和装备制造业占规模以上工业比重分别为12.1%和32.6%，分别比上年同期提高0.7个和1.2个百分点。总体而言，41个工业行业中技术密集型行业增速相对较快，体现了工业结构高级化趋势，汽车、医药行业表现抢眼。电子信息、生物医药、智能制造、节能环保、新能源和新材料等相关产品迅猛发展。但是，值得高度注意的是一些新兴产业增速过快，如受补贴政策和限购挤压需求等因素影响，上半年新能源汽车产量同比增长高达88.7%。截止到2015年，中国的新能源汽车，无论是当年产量，还是累计产量，中国均排名世界第一，2009—2015年全国累计生产新能源汽车已占到全球30%。在为新能源汽车迅猛发展欣喜同时，其背后的强选择性产业政策的推手令人担忧，我们必须警惕由此而可能产生的新的产能过剩问题。

第三，中部地区工业领跑，西部地区工业回落较快，东北地区工业总体呈现一些回暖态势但内部分化严重，京津冀工业增长差距扩大速度有减缓迹象。

2016年上半年东部地区规模以上工业增加值同比增长6.4%，增速比2015年同期下滑0.3个百分点；中部地区同比增长7.3%，增速比2015年同期加快0.7个百分点，西部地区增长7.2%，增速比2015年同期回落0.6个百分点。2016年上半年东北地区工业增加值同比下降1.5%，增速降幅比2015年收窄1.5个百分点。2016年5月东北地区规模以上工业增加值同比增长0.2%，是自2015年以来月度数据首次实现正增长。但从东北地区三省各自情况看，其分化严重。吉林省工业增加值稳步提升，3—5月吉林省工业增加值同比增速分别为

5.8%、7.2%和7.4%，连续两个月超过工业平均增速；辽宁省工业大幅负增长态势依旧难改，且波动较大，3月辽宁省工业增加值同比下降6.1%，4月辽宁工业增加值再度下降3.7个百分点至9.8%，5月降幅收窄至7.1%；黑龙江工业增加值增速有所回升但仍处于低速运行状态，3—5月，黑龙江工业增加值同比分别增长0.8%、1.2%和2.1%，呈现不断上升的态势。单从这一点看，东北三省工业振兴应该分省施策，否则，统一的振兴政策会因省情差异效果大打折扣。

京津冀地区上半年工业增速走势继续分化。一个变化是天津工业增加值增速呈现走低态势，由2016年年初的9.2%逐步降至5月的8.9%；河北和北京工业增加值增速缓慢走高由2016年年初的4.2%和-2.5%逐步上升，5月达到5.0%和1.6%。2016年1—5月，北京、天津和河北工业增加值同比分别增长1.6%，8.9%和5.0%，比2015年同期分别相差-1.1个、-0.6个和0.5个百分点。由于天津2015年工业发展一枝独秀，虽然2016年上半年天津工业增速仍远远高于河北和北京，但这种差距呈现收窄的趋势，但这种收窄还不能直接判断为河北与天津初步呈现协同发展度提升的迹象，因为2016年上半年河北工业发展改善的重要原因之一应该是受到钢铁业一定程度复苏的影响。

第四，工业尤其是制造业投资增速回落，民间投资意愿大幅下滑，累积债务风险日趋增大，未来工业运行仍不能乐观。

工业投资明显放缓，2016 年上半年第二产业固定资产投资 101702 亿元，同比增长 4.4%，增速比第一季度回落 2.3 个百分点，尤其是制造业固定资产投资同比增长 3.3%，增速比第一季度回落 3.1 个百分点。在当前新一轮科技和产业革命大背景下，中国正在大力推进"中国制造 2025"、实施制造强国战略，制造业投资增速大幅回落，其影响不仅仅是工业转型升级，更为重要的是会影响到未来经济增长新动能培育和新经济的发展。新经济发展的关键不是电子商务，而是制造业和互联网的深度融合，现在应该是制造业沿此方向升级的大好时机，制造业投资增速大幅回落在一定程度上表明在这方面推进力度不够。

另外一个重要的问题是民间固定资产投资增速引领了本轮固定资产下滑的态势。2016 年上半年民间投资同比增长 2.8%，增速比全部投资低 6.2 个百分点，占全部投资比重 61.5%，比上年同期下降 3.6 个百分点。长期以来，第二产业中民间固定资产投资增速一直高于全部固定资产投资增速，成为第二产业固定资产投资的主力军。然而，2016 年 3 月始，第二产业民间固定资产投资增速下滑成为固定资产投资增速下滑的主导力量。2016 年值得关注的一个反差现象是，盈利能力强的民营企业不愿意投资，而持续亏损的国有企业在不断地增加投资（1—5 月国有控股工业企业实现利润同比下降 7.3%），这反映政府驱动型经济增长特征和政府投资挤出效应明显。除此之外，与国内投资不振相反，中国对外投资快速增长，1—5

月中国对外投资同比增长了 61.9%。

　　另外一个不容忽视的是债务风险。2016 年 5 月，规模以上工业企业资产负债率为 56.8%，虽然比 2015 年同期下降 0.5 个百分点，但较 2015 年 12 月提高 0.6 个百分点，杠杆率高达 131%，而国外企业的杠杆率一般维持在 70% 左右。到 5 月末，工业企业应收账款同比增加 8.6%，增速比 1—5 月主营业务收入高出 5.7 个百分点，1—5 月应收款平均回收期为 39.1 天，比上年同期增加了 2.3 天。

　　第五，考虑到世界经济复苏不及预期，国内内需不振态势短期难以扭转，在宏观政策没有大幅度改变的情况下，2016 年下半年至 2017 年上半年，工业经济维持增速趋缓的可能性很大。

　　在以供给侧结构性改革为主、适度加强需求管理等一系列政策的大力推进下，2016 年上半年工业经济开局呈现出"缓中趋稳、有限复苏"的总体特征，"四降一升"的格局有了积极变化，但仍要谨慎看待这种变化。在国际形势并不乐观（6 月世界银行已经将 2016 年全球经济增长预期从 1 月的 2.9% 大幅下调至 2.4%）和英国"脱欧"等不确定性加大的背景下，以及中国国内工业行业固定资产投资和工业投资回报率下滑等国内趋势性因素的影响下，2016 年下半年和 2017 年上半年中国工业趋缓压力依然巨大。基于中国社会科学院工业经济研究所工业经济形势分析课题组的模型预测，2016 年 12 月规模以上工业增加值增速降至 5.5%、2017 年 6 月份工业规模以上工业增加值增速降至 5.0% 的概率很大。

在这种情况下，更需要我们在宏观调控上努力把握稳增长和调结构的平衡，一方面要着力推进供给侧结构性改革，实质推进构建党的十八届三中全会提出的发挥市场配置资源的决定性作用的体制机制，破除制度性障碍，为工业经济的健康发展奠定基础；另一方面稳定增长，深化"区间调控"的理念，采取有效措施来事先应对各种风险和挑战，但要避免宏观政策的大起大落，保持宏观政策的相对稳定性和连续性。

（原文载于《上海证券报》2016 年 7 月 21 日）

经济新常态下的中国工业经济运行分析

——2016 年特征与 2017 年挑战

改革开放以来，按照经济波动看，中国的工业增长大体可以划分为四个波动周期，分别是 1978—1985 年，1985—1992 年，1992—2007 年，2007 年到现在。在 2007 年以来这个最近的周期中，2010 年以来工业增长呈现明显连续下滑态势。2014 年中央经济工作会议指出中国经济逐步步入速度趋缓、结构趋优的新常态。2015 年，中国工业增速创最近 23 年最低，2015 年中央经济工作会议给出了经济增速下降、工业品价格下降、企业利润下降、财政收入下降和经济风险概率上升的"四降一升"的基本判断，并提出通过去产能、去库存、去杠杆、降成本、补短板的"三去一降一补"的供给侧结构性改革来实现经济稳定持续发展。在这种背景下，经济新常态下的 2016 年中国工业运行情况和 2017 年工业发展分析就备受关注。

一   2016 年中国工业经济运行的总体特征

2016 年，中国工业呈现出"缓中趋稳、稳中向好"的总体特征，工业增速下降、工业品价格下降、企业利润下降的格局得到了根本性的扭转，工业增速趋稳、出口转正、工业品价格大幅度逆转、工业企业利润增速由负转正实现大幅回升，工业行业结构继续呈现高端迈进态势。

第一，工业增加值增速缓中趋稳，工业品价格、工业出口和工业企业利润都呈现积极变化，供给侧结构性改革初见成效。

2016 年，全年全部工业增加值 247860 亿元，比上年增长 6.0%，与上年持平。2016 年全国规模以上工业增加值比上年实际增长 6%，虽然增速较上年回落 0.1 个百分点，但分季度看，第一季度同比增长 5.8%，第二、三、四季度均增长 6.1%，从月度看，自 4 月以来，工业生产增速基本维持在 6% 以上小幅波动，企稳态势非常明显，2017 年 1—2 月达到 6.3%，更加固了这种判断。

从工业品价格看，2016 年全年下降 1.4%，降幅较上年大幅收窄 3.8 个百分点。分月度看，2016 年 1—8 月，工业生产者出厂价格同比降幅逐月收窄，9 月由负转正，终止了 54 个月连续下滑的走势，10—12 月同比上涨 1.2%、3.3%、5.5%。

到 2017 年 1—2 月更是大幅上涨到 6.9% 和 7.8%。从工业品出口看，2016 年，规模以上工业出口交货值比 2015 年增长 0.4%，而 2015 年该数值下降为 1.8%，2016 年各个季度分别是同比数值为 -3%、0.8%、1.3%、1.9%，呈现逐季回升走势。工业出口增速实现正增长。

2016 年全年规模以上工业企业实现利润 68803 亿元，比上年增长 8.5%。而 2015 年规模以上工业企业利润总额比上年下降 2.3%，其中，2016 年 11 月规模以上工业企业利润同比增长 14.5%，增速为 2014 年 7 月以来第二高点，企业效益明显改善。其中，分门类看，2016 年采矿业实现利润 1825 亿元，比上年下降 27.5%，降幅比上年全年和今年上半年分别收窄 13.3 个和 38.7 个百分点；制造业实现利润 62398 亿元，比上年增长 12.3%，增速比上年全年和今年上半年分别加快 9.5 个和 0.2 个百分点；电力、热力、燃气及水生产和供应业实现利润 4580 亿元，比上年下降 14.3%，降幅比上年全年和今年上半年分别扩大 27.8 个和 12 个百分点。

企业效益改善在很大程度上得益于原煤、钢材、成品油等大宗商品价格上涨，拉动了煤炭、钢铁和石油加工等企业利润快速增长。2016 年 1—11 月，因主要大宗商品价格反弹，按照国家统计局的测算，原材料行业对全部规模以上工业利润增长的贡献率达到 67.9%，其中，石油加工炼焦和核燃料加工业贡献率为 21.6%，黑色金属冶炼和压延加工业贡献率为 19.9%。

2016年1—11月，煤炭开采和洗选业，石油加工、炼焦和核燃料加工业，黑色金属冶炼和压延加工业利润同比分别增长1.6倍、2.2倍和2.7倍。另外，成本降低也提升了企业盈利空间，全年规模以上工业企业每百元主营业务收入中的成本为85.52元，比2015年下降0.1元。年末规模以上工业企业资产负债率为55.8%，比2015年年末下降0.4个百分点。这表明供给侧结构性改革效果初步显现。

第二，工业行业结构继续呈现高级化趋势，结构趋优、新旧动能转换的经济新常态的特征更加显著。

2016年，工业三大门类中，制造业一直保持最高增速，而采矿业大幅下滑，电力、热力、燃气及水的生产与供应业相比2015年大幅上升。41个工业行业中技术密集型行业增速相对较快，体现了工业结构高级化趋势，其中汽车业，计算机、通信和其他电子设备制造业表现抢眼，产业增加值增速达到两位数，分别是15.5%、10.0%，高于规模以上工业增速9.5和4.0个百分点。

节能环保产业、新一代信息技术产业、生物产业、高端设备制造产业、新能源产业、新材料产业、新能源汽车产业这七大工业战略性新兴产业增加值增长10.5%，高于整个规模以上工业4.5个百分点；医药制造业，航空、航天器及设备制造业，电子及通信设备制造业，计算机及办公设备制造业，医疗仪器设备及仪器仪表制造业，信息化学品制造业这六大高技术制造业增加值增长 10.8%，高于规模以上工业增速 4.8 个百分点，占规模以上工业增加值的比重提高到 12.4%；金属制品业、通用设备制造业、专用设备制造业、汽车制造业、铁路、船舶、航空航天和其他运输设备制造业、电气机械和器材制造业、计算机、通信和其他电子设备制造业、仪器仪表制造业这八大装备制造业增加值增长 9.5%，高于整个规模以上工业 3.5 个百分点，占规模以上工业增加值的比重提高到 32.9%；2016 年，油加工、炼焦和核燃料加工业，化学原料和化学制品制造业，非金属矿物制品业，黑色金属冶炼和压延加工业，有色金属冶炼和压延加工业，电力、热力生产和供应业这六大高耗能行业增加值比上年增长 5.2%，增速较上年回落 1.1 个百分点，占规模以上工业增加值的比重下降为 28.1%。

这意味着伴随着工业结构更高级化，高技术产业、工业战略性新兴产业等新经济增长动能持续较快增长，新旧动能转换加快。但是，我们还必须注意的是，一方面，传统产业去产能仍有不少困难，推进"三去一降一补"重点任务仍然艰巨复杂；另一方面，要高度注意的是一些新兴产业增速过快。例如受补贴政策和限购挤压需求等因素影响，虽然出现了"骗补"风波和补贴不到位等问题，中国汽车工业协会对外发布的数据显示，2016 年新能源汽车生产 51.7 万辆，销售 50.7 万辆，比上年同期分别增长 51.7% 和 53%。其中纯电动汽车产销分别完成 41.7 万辆和 40.9 万辆，比上年同期分别增长 63.9% 和

65.1%。在为新能源汽车迅猛发展欣喜同时，其背后的强选择性产业政策的推手令人担忧，我们必须警惕由此而可能产生的新的产能过剩问题。

第三，中部地区工业领跑，西部地区工业回落较快，东北地区工业总体内部分化显著，京津冀工业增长差距扩大速度有减缓迹象。

分地区看，2016 年 1—11 月，东部地区、中部和西部工业增加值同比增长 6.0%、7.4%和 7.3%，增速比去年全年分别下滑 0.4 个、0.1 个和 1.1 个百分点。中部地区增速最高，下滑程度也最小；西部地区工业增速下滑比较明显，东部地区增速最低。我们研究表明，大部分东部地区已经到工业化后期或者后工业化阶段，因而工业增速相对较低是符合工业化阶段特征的，而中西部地区多处于工业化中期，因而总体工业增速要相对较高，但西部工业增速下滑相对较大，应该引起高度重视。

2016 年 1—11 月，东北地区工业增加值同比下降 3.0%，除了 2016 年 5 月同比增长 0.2%外，其余月均为负增长，表明东北地区工业复苏相对乏力。但东北地区内部工业分化显著，2016 年，东北地区 3 个省中，吉林、黑龙江工业增加值同比分别增长 6.3%和 2.0%，增速同比分别提高 1.0 个和 1.6 个百分点。辽宁同比下降 15.2%，降幅比上年扩大 10.4 个百分点，与 1—11 月相比收窄 0.5 个百分点。从中可以看出，吉林省工业增加值同比为均为正增长，并且 2016 年下半年以来工业增加值增速保持平稳，没有出现大的波动。辽宁省工业处于负增长态势，且波动较大。由于东北三省分化严重，因此东北三省工业振兴更应该分省施策。当然，从着力完善体制机制看，东北三省都应该向东部地区学习、借鉴甚至复制其具体市场化机制，但从产业结构调整看，各省有自己的突出问题，很难按照"齐步走"的方式来推进振兴政策。对于辽宁省而言，推进产业结构调整的关键应是防范制造业快速衰退风险，实现装备制造业转型升级的突破；对于黑龙江省而言，推进产业结构调整的着力点应该是努力破除"资源诅咒"，进一步推进工业化进程；对于吉林省而言，推进产业结构调整的重点应是改变经济结构双重"一柱擎天"问题，加快建设现代产业体系。

京津冀地区工业增速走势分化，北京工业增加值增速呈单边上扬态势，天津工业增加值增速呈走低态势，河北工业增加值增速呈前高后低的走势。北京工业增加值累计增速自 2016 年 2 月以来持续上升，由 2 月累计增速由 - 2.5% 上升至 11 月的 4.7%；天津工业增加值累计增速由年初 9.2% 逐步降至 11 月的 8.3%；河北工业增加值增速由年初的 4.2% 逐步上升至 9 月的 5.6%，11 月略降至 5.2%。2016 年 1—11 月，北京、天津和河北工业增加值增速比 2015 年全年分别加快 3.7 个、 - 1.0 个和 0.8 个百分点，比 2016 年上半年分别加快 3.0 个、 - 0.6 个和 0.1 个百分点。由于 2015 年天津工业发展一枝独秀，但 2016 年这种差距呈现收窄的趋势。由于河北与京津处于不同的工业化阶段，河北经济发展水平还较低，要实现协同发展，还需要对河北给予更多支持，这包括加大中央对河北的转移支付力度，可考虑加大对河北增值税的返还比例，或者可考虑将北京、天津的每年新增财力的 5% 左右转移给河北省，在建立跨区域税收分享制度、土地占补平衡制度建设方面向河北省进行倾斜，供给要素市场建设方面向河北倾斜。

二　2017 年中国工业经济面临的主要挑战

在以供给侧结构性改革为主、适度加强需求管理等一系列政策的大力推进下，2016 年工业经济开局呈现出"缓中趋稳、稳中向好"的总体特征，工业增速下降、工业品价格下降、工业企业利润下降的格局有了积极变化，但是，对于 2017 年和未来的中国工业经济而言，工业运行风险概率依然较大，供给侧结构性改革仍任重而道远。中国工业经济仍然艰难地在稳增长与调结构之间寻求平衡。

第一，工业投资增速回落，存在民间投资与国有投资、国内投资与对外投资的结构失衡现象，制造业空心化风险加大。

2016 年工业投资特别是制造业投资增速回落，2016 年全年工业投资总额 231826 亿元，增长 3.5%，增速比 2015 年全年和 2016 年上半年分别减少 4.2 个和 0.7 个百分点。其中，采矿业投资 10320 亿元，同比下降 20.4%，降幅比 2015 年全年和 2016 年上半年分别扩大 11.6 个和 0.7 个百分点；制造业投资 187836 亿元，同比增长 4.2%，增速比 2015 年全年和 2016 年上半年分别扩大 -3.9 个和 0.9 个百分点；电力、热力、燃气及水生产和供应业投资 29736 亿元，同比增长 11.3%，增速比 2015 年全年和 2016 年上半年分别减少 5.3 个和 10.6 个百分点。在当前新一轮科技和产业革命大背景下，我国正在大力推进"中国制造 2025"、实施制造强国战略，工业中制造业投资增速大幅回落，其影响不仅仅是工业转型升级，更为重要的是会影响到未来经济增长新动能培育和新经济的发展。

在投资的内外结构中，存在着国内投资与国外投资失衡问题。2016 年全社会固定资产投资（不含农户，下同）596501 亿元，增长 8.1%，增速较 2016 年上半年减少 0.9 个百分点，比 2015 年全年减少 1.9 个百分点。自 2001 年以来，中国固定资产投资均保持在两位数以上的增速，而 2016 年固定资产投资首次跌破 10%。与此形成鲜明对比的是，中国 2016 年全年对外直接投资额（不含银行、证券、保险，下同）11299 亿元，按美元计价为 1701 亿美元，比上年增长 44.1%，其中制造业对外直接投资 310.6 美元，增长高达 116.7%。而 2016 年全年吸收外商直接投实际使用外商直接投资金额 8132 亿元（折 1260 亿美元），比上年增长 4.1%，逆差达 441 亿美元，其中制造业吸引外资 2303 亿元（折 357 亿美元），比上年增长

-6.1%。如果我们将这三个增长数据放在一起比较，2016 年国内制造业投资增长 4.2%、制造业吸引外商直接投资增长为 -6.1%、我国制造业对外直接投资增长为 116.7%，可以初步判断中国制造业外移、制造业空心化的风险正在加大。

在投资的所有制结构中，存在国有投资和民间投资失衡问题。2016 年全社会固定资产投资（不含农户，下同）中国有控股企业固定资产投资 213096 亿元，同比增长 18.7%，增速比去年全年增加 7.8 个百分点；而民间投资 325619 亿元，同比仅增长 3.2%，增速比去年全年减少 6.9 个百分点。一方面，国有投资增速大幅度增长，另一方面，民间投资增速大幅度下滑，这反映政府驱动型经济增长特征和政府投资挤出效应明显。另外，由于民间投资在制造业占比较大，民间投资增长大幅下滑，也说明民营企业不愿意继续投资于国内的制造业。2016 年关于中国制造业税费负担重的争议一直在持续。因此，进一步降低制造业成本、改善制造业投资环境无疑对中国未来制造业发展至关重要。

第二，当前中国存在实体经济与虚拟经济的重大结构失衡问题，由此而引发的经济风险在不断积聚。

工业尤其是制造业是实体经济的主体。实体经济是一个国家的强国之本、富民之基。但是，近些年随着中国经济服务化的趋势加大，中国经济发展中呈现出"脱实向虚"问题。这主要表现在以下几个方面，一是虚拟经济中的主体金融业增加值占全国 GDP 比例快速增加，从 2001 年的 4.7% 快速上升到 2015 年的 8.4%，2016 年初步核算结果也是 8.4%，这已经超过所有发达国家，美国不足 7%，日本也只有 5% 左右；二是中国实体经济规模占 GDP 比例快速下降，以农业，工业，建筑业，批发和零售业，交通运输仓储和邮政业、住宿和餐饮业的生产总值作为实体经济口径计算，从 2011 年的 71.5% 下降到 2015 年的 66.1%，2016 年初步核算结果是 64.7%；三是从上市公司看，金融板块的利润额已经占到了所有上市公司利润额的 50% 以上，这意味着金融板块企业利润超过了其他所有上市公司利润之和。麦肯锡最近一份针对中国 3500 家上市公司和美国 7000 家上市公司的比较研究表明，中国的经济利润 80% 由金融企业拿走，而美国的经济利润只有 20% 归金融企业；四是实体经济中的主体制造业企业成本升高、利润下降、杠杆率提升，而且在货币供应量连续多年达到 12% 以上、2011—2015 年货币供应量 M2 是 GDP 的倍数从 1.74 倍上升到 2.03 倍的情况下，面对充裕的流动性，制造业资金却十分短缺、资金成本较高，大量资金在金融体系空转、流向房地产市场，推动虚拟经济自我循环。这种"脱实向虚"问题表明，实体经济供给与金融供给之间、实体经济供给与房地产供给之间存在着严重的结构性失衡。

造成这种供给结构性失衡问题的原因是复杂的，既有金融部门对于实体经济部门具有垄断地位、金融市场服务实体经济效率不高、房地产顶层设计缺乏和房地产市场亟待规范等众多原因，但是，必须认识到由于实体经济供给质量不高进而引起实体经济自身供求失衡、无法提供高回报率是"脱实向虚"一个根本原因。在经过了快速的工业化进程，进入"十二五"时期后，中国逐步进入工业化后期，中国的实体经济规模已经十分庞大，但是中国是实体经济大国而不是实体经济强国，实体经济的供给质量还不高，一个突出表现为劳动生产率还比较低。这意味着由于工业化后期城市化进程加快推进而带来的人口结构变化和收入水平提高，消费结构升级明显，实体经济的供给要素和供给体系无法适应消费需求结构转型升级的需要，进而造成实体经济投资回报率低下，这一方面会导致大量资金脱离实体经济转向虚拟经济，另一方面，在开放经济下，大量的消费力量和制造业投资将转向国外，这又进一步导致实体经济萎缩。如果这个问题不从根本上解决，会出现经济结构高级化趋势明显、但效率反而降低的"逆库兹涅茨化"问题。对处于中等收入阶段的中国而言，效率下降会使得我们加大步入"中等收入陷阱"的风险。促进产业转型升级、提高实体经济的供给质量，不仅是扭转经济发展"脱实向虚"的需要，还是决定中国经济能否跨越"中等收入陷阱"的关键。

第三，世界经济环境不确定性加大，围绕制造业国际竞争日趋激烈，2017年中国工业经济增速保持稳中趋缓的可能性很大。

　　当前世界经济呈现出"新平庸"的特点，世界经济增速持续低迷，潜在增长率在下降，国际贸易和国际投资增长乏力，尤其是受 2017 年美国特朗普的新政、欧洲大选、逆全球化趋势的影响，世界经济的不确定性加大。对于中国制造业而言，我们将同时面临发达国家的高端挤压和新兴经济体的低端挤压。一方面，国际金融危机以后，发达国家开始反思"制造业空心化"，纷纷推进"再工业化"战略，并以制造业信息化和制造业服务化为核心，制定各类制造业发展战略和规划。美国提出"先进制造业国家战略计划"、德国提出"工业 4.0"，试图在"第三次工业革命"中牢牢占据制造业高端，特朗普更是提出各种政策来吸引制造业流回美国，这一切对中国制造业形成高压态势。另一方面，快速崛起的新兴经济体将以相对低廉的成本优势，实现对中国制造的替代。随着这些新兴经济体的发展，其制造业区位吸引力会快速提升，这会对中国制造业形成低端挤压。因此，中国制造业发展面临国际竞争日趋激烈。

　　在这种国际背景下，以及中国国内工业行业固定资产投资和工业投资回报率下滑等国内趋势性因素的影响下，2017 年上半年中国工业趋缓压力依然巨大。基于中国社会科学院工业经济研究所工业经济形势分析课题组的模型预测，2017 年全国规模以上工业增加值增长 5.8% 左右，比 2016 年 6.0% 的增速低 0.2 个百分点。因价格上涨、营收上升、成本下降及低基数效应等原因，2017 年规模以上工业企业效益延续上升势头预计至少将持续到 2017 年年中，上游利润增速继续回升，中游整体小幅回升，下游基本稳定。考虑到房地产周期的影响，以及汽车产业政策回归正常，到 2017 年第三季度，工业可能再次承受压力。

（原文是作者为社会科学文献出版社出版的《经济蓝皮书 2017 年春季号》撰写的工业经济形势分析报告，这里有删节）

正确认识中国制造业面临的
问题与挑战

　　制造业是立国之本、强国之基、兴国之器。改革开放以来，中国制造业发展迅速，到 2010 年中国制造业产值在全球占比超过美国，成为一个名副其实的制造业第一大国，在 500 余种主要工业产品中，中国有 220 多种产量位居世界第一。但是伴随着中国制造业的发展，有关中国制造业的衰落、大衰退甚至大崩溃的断言却一直不绝于耳，这在各种唱衰中国经济的论调中是似乎颇具"杀伤力"的一种。这种论断一般会采用两种论证，一是会举几个制造企业倒闭的例子进而断言某些地区，例如东莞，乃至全国制造业要衰退或者崩溃，这种"只见树木不见森林"论证存在"盲人摸象"的逻辑错误，不具有科学性，更多的是耸人听闻、语不惊人死不休地吸引人"眼球"罢了，因而并不值得深入辩驳，中国制造业发展统计数据会使这种论证不攻自破。实际上，每年都会因某些制造业企业倒闭而引出不负责任的有关于中国制造业大衰退或者崩溃的声音，但事实是中国制造业一直在持续成长；二是会指出中国制造业发展面临的问题和挑战，比较有代表性的有劳动力低成本优势在丧失、新工业革命的巨大挑战、核心技术创新能力缺乏三方面，进而认为中国制造业因不能应对这些问题与挑战而走向衰落乃至崩溃。应该说，这些问题和挑战是客观存在的，但如何认识这些问题和挑战，是否从这些问题和挑战中就一定引伸出中国制造业走向崩溃的结论，这值得我们深入地研究辨析。

劳动力成本上升：是压力也是动力

近年来，中国制造业面临的突出问题和挑战是中国制造业劳动力成本快速上升，在制造业全球价值链分工下，这在一定程度上促进了一些制造企业将生产工厂转移到东南亚等成本更低的国家和地区。长期以来，劳动力低成本一直被认为是中国制造赖以崛起的重要比较优势，但是，伴随着中国工业化进程步入后期、人口红利的逐步消失以及人口老龄化趋势，劳动力低成本优势正在逐步消失。2010年中国制造业人员年平均工资为30916元，到2015年中国制造业人员年平均工资上升到55324元。一些跨国咨询集团的研究报告从国际比较角度指出中国的劳动力成本虽然比发达国家还相差很远，但已经明显超过了东盟等新兴经济体。毋庸置疑，随着中国经济发展水平的提高，中国劳动力成本还会进一步提升，这是一国经济现代化的必然趋势。但问题是如果中国丧失了劳动力低成本优势制造业就一定会崩溃吗？已经成长为制造业大国、正在从大国向强国迈进的中国制造业，未来发展战略的基点还要一直依赖于低成本的劳动力优势吗？

关于中国制造业劳动力低成本竞争优势我们必须有以下几方面正确认识：第一，改革开放以来，中国采用了低成本工业化战略，充分利用了要素低成本的比较优势，快速地推进了工业化进程，这无疑是正确的发展道路。第二，随着中国工业化进程到了后期，中国劳动力成本提高，既有农业劳动力转移增量与新增劳动力总量都逐年减少的供给关系影响，也是发展理念转变和发展方式转型的必然要求。中国发展方式面临着从要素驱动向创新驱动、从数量扩张向质量提升的转变，中国再停留在依靠低成本劳动力优势不可能实现这种转变。而且，提高劳动者，尤其是普通劳动者的劳动报酬，正是共享发展理念的应有之义。第三，从微观企业层面看，虽然由于经营成本不断提高而影响制造企业效益，在那些无法通过创新从低成本竞争战略转向差异化竞争战略从而获得新竞争优势的企业中，会出现一些企业破产或者向境外低成本地区转移等现象，但这正是中国制造业转型升级的凤凰涅槃所必然付出的代价。中国经济从要素驱动向创新驱动转型本身就是一个大浪淘沙的过程，一些企业被淘汰掉，还会有更多的创新型企业成长起来。当中国的制造企业认清这个发展大势，劳动力成本上升压力就变成为企业转型升级、创新发展的动力。实际上，这些年，有众多制造企业化成本压力为创新动力，沿着制造业高端化、信息化、服务化、智能化、绿色化的发展趋势不断创新，新产品、新业态、新模式不断涌现，中国制造业增长的新动能正在形成。那些因制造业劳动力成本上升而预言中国制造业崩溃的论断已成为无稽之谈。

新工业革命：是挑战更是机遇

2008 年国际金融危机后，发达国家纷纷聚焦以重振制造业和大力发展实体经济为核心的"再工业化"战略，如美国推出"先进制造业行动计划"、德国提出"工业 4.0"等，"再工业化"战略的核心并不是简单地提高制造业产值比例，而是通过现代信息技术与制造业融合、制造与服务的融合来提升复杂产品的制造能力以及制造业快速满足消费者个性化需求能力，使得制造业重新获得竞争优势。这被认为是掀起了一次新工业革命。这次新工业革命是以新一代信息技术为基础、以数据作为核心投入要素、以智能制造为主要方向、以范围经济为主要效率源泉的产业融合发展和社会经济大变革。新工业革命对中国制造业的挑战在于，一方面由于人工智能、机器人等智能化趋势会进一步降低劳动成本在制造业总投入的比例，从而加速弱化中国的要素低成本优势；另一方面，发达国家用其在新工业革命中的先发优势，不断强化其在全球竞争优势和价值链的高端位置，中国如果不能快速适应新工业革命趋势，由于智能制造技术等会引起社会经济颠覆性、革命性的变化，中国与国外的技术差距可能会进一步扩大，还可能形成对中国产业转型升级的抑制和对原有的产业赶超路径的封堵，不利于中国制造业向全球价值链高端攀升。

但是，新工业革命对中国制造业不仅仅是挑战，更是一次重大历史性机遇。中国已经步入工业化后期，正处于经济结构转型升级的关键时期，而新工业革命催发了大量的新技术、新产业、新业态和新模式，为中国产业从低端走向中高端奠定了技术经济基础和指明了发展方向，为中国科学制定产业发展战略、加快转型升级、增强发展主动权提供了重要机遇。与前两次工业革命发生时中国积贫积弱国情不同，现在中国综合国力已居世界前列，已经形成了完备的产业体系和庞大的制造基础，成为全球制造业第一大国，中国已经成为名副其实的工业大国，具备了抓住这次科技和产业革命历史性机遇的产业基础条件。同时，中国具有规模超大、需求多样的国内市场，也为新工业革命提供了广阔的需求空间。正是基于这样的背景，2015 年 5 月国务院颁发了《中国制造 2025》，该战略是着眼于国内国际经济社会发展、产业变革的大趋势制定的一个长期的战略性规划和高端产业、技术进步的路线图。该规划以应对新一轮科技革命和产业变革为重点，以促进制造业创新发展为主题，以提质增效为中心，以加快新一代信息技术与制造业融合为主线，以推进智能制造为主攻方向，以满足经济社会发展和国防建设对重大技术装备需求为目标，坚持市场主导、政府引导原则，通过实施国家制造业创新建设、智能制造、工业强基、绿色发展、高端装备五大工程，促进产业转型升级，实现中国从工业大国向工业强国的转变。迄今为止《中国制造2025》虽然出台不到两年，但无论是在创新中心建设等五大工程方面，还是在质量品牌建设、制造业与互联网融合等方面，都已经效果初现。因此，面对新工业革命，中国是可以乘势而上、抢抓机遇、推进工业化和信息化的深度融合的，中国制造业不仅不会因新工业革命挑战而崩溃，反而会抓住机遇实现跨越式发展。例如，近年来中国电子商务、智能手机、智能支付等新领域取得快速发展，增速远远超越其他发达国家。又如，中国浙江、广东的很多制造业企业逐步实施智能机器对劳动力替代，成功化解了劳动力成本上涨带来的不利影响。

自主创新能力：仍薄弱但在增强

改革开放以来，中国已经从工业化初期，快速地走过工业化中期，步入工业化后期，到2020年中国也将基本实现工业化。这是一个十几亿人口大国的快速工业化进程，这在人类历史上是前所未有的。当然，这个快速发展的过程决定了中国制造业与发达国家已经发展了上百年的制造业相比，品牌、质量和核心技术等方面还缺少历史积累，制造业大而不强就成为中国一个基本经济国情。中国制造业发展到现在，面临的根本的问题应该是自主创新能力还显薄弱，与发达工业国的差距较大，这主要表现在：传统产业中的低水平产能过剩问题突出并长期存在的情况下，其关键装备、核心零部件和基础软件严重依赖进口和外资企业；新兴技术和产业领域全球竞争的制高点掌控不够，支撑产业升级的技术储备明显不足；创新资源协同运作不畅，技术创新链条在一定程度上存在着断裂脱节问题，等等。这一切意味着中国现在的基本经济国情仍是工业大国，还不是工业强国。正因为如此，在《中国制造2025》中，中国规划将分三步走建设制造强国，到2025年中国基本实现工业化、中国制造业迈入制造强国行列，到2035年达到制造强国的中等水平，到2045年进入世界制造业强国第一方阵、成为具有全球引领影响力的制造强国。

　　针对创新能力显薄弱的现实，中国制定并实施了创新驱动战略，"十三五"规划中更是将创新发展作为五大发展理念之首。在创新驱动战略引领下，全社会创新投入力度不断加大，创新能力不断增强。党的十八大以来，2013年、2014年、2015年和2016年中国研究与试验发展（R&D）经费支出总额分别为11847亿元、13015亿元、14169亿元和15440亿元，研究与试验发展（R&D）经费支出总额占国内生产总值比重从

1.9%上升为 2.1%，达到了中等发达国家水平，居发展中国家前列，已成为仅次于美国的世界第二大研发经费投入国家。2015 年中国国内外专利申请受理数 279.9 万件，其中发明专利申请受理数首次突破百万件，达到 110.2 万件，连续 5 年位居世界首位；2015 年中国国内外专利申请授权数为 171.8 万件，其中发明专利授权数为 35.9 万件，发明专利授权数占专利授权数的比重为 20.9%。新一代信息技术、高档数控机床等《中国制造 2025》中提出的十大重点领域发明专利年均增长率超过 23%。"十二五"期间，中国也取得了探月"嫦娥"、入海"蛟龙"、新一代中国标准动车组、"天河二号"、国产大飞机 C919、"天宫一号"等一批重大的科技成果，其中"天河二号"超级计算机已连续四次蝉联世界超算排行榜冠军。另外，百万千瓦级核电装备国产化率提升至 85%以上，一系列大型成套电力装备已经达到国际领先水平。

因此，虽然中国制造业的技术水平相对世界制造强国还有很大差距，但近年来在创新驱动战略引领下，中国制造业创新能力得到了极大的提升，取得了举世瞩目的成就，中国制造业的自主创新能力正逐步提升，中国制造业正在实现从大向强的转变。

综上所述，毋庸讳言，中国制造业在发展中面临着许多问题和挑战，但是我们要审时度势，正确和清醒认识这些问题和挑战，制定科学的发展战略，坚持市场主导、政府引导原则下持之以恒地发展制造业这个立国之本，中国制造业前途必然是一片光明。经过 30 多年的快速工业化进程，中国制造业已具备了庞大的产业基础和全面的配套体系，《中国制造 2025》也对中国建设世界制造强国的目标、阶段和路径进行了科学的规划，现在我们所需要只是持续努力和历史耐心。

（原文载于《人民日报》2017 年 3 月 13 日 7 版，题目是"中国制造业有能力创造新辉煌"）

打牢实体经济发展的根基

实体经济是一国经济之本。大力发展实体经济，是中央一以贯之的指导思想。党的十六大报告提出要正确处理实体经济与虚拟经济的关系，党的十八大报告则指出要牢牢把握发展实体经济这一坚实基础。习近平同志曾多次强调发展实体经济的重大意义：我国这么一个大国要强大，要靠实体经济，不能泡沫化；我们要向全社会发出明确信息，搞好经济、搞好企业、搞好国有企业，把实体经济抓上去；要改善金融服务，疏通金融进入实体经济特别是中小企业、小微企业的管道。2015 年是"十二五"收官之年，也是"十三五"谋划之年，探讨打牢实体经济发展根基问题具有特别重要的意义。

一 "十二五"时期实体经济面对下行压力发展成绩斐然

虽然理论界一直探讨实体经济与虚拟经济的关系并强调实体经济作为基础要素的决定性作用，但在现实经济中发展实体经济的意义往往在遇到金融危机后才被深刻认识到。20世纪末的亚洲金融危机和2007年爆发的国际金融危机，都给人们巨大的警示意义。"十二五"时期是后国际金融危机时代，在发达国家都纷纷实施"再工业化"战略、推出各种发展实体经济尤其是振兴制造业规划的背景下，中国经济步入工业化后期并呈现出明显经济服务化趋势，2013年中国服务业占比超越工业成为第一大产业，经济"去实体化"的内在结构演进风险在不断加大。再加之经济增速的换挡期、经济结构调整阵痛期和前期刺激政策的消化期"三期叠加"，国内经济面临着巨大的下行压力。面对国际经济竞争和国内经济运行的双重压力，保证实体经济这一根基稳步发展，促进中国经济步入增速趋缓、结构趋优、动力转换的"新常态"，成为一项颇具挑战性的重大任务。

面对挑战，"十二五"期间中国实体经济发展成绩仍可圈可点。一是中国粮食实现了"十一连增"，粮食总产量从2010年的54648万吨增加到2014年的60710万吨，2014年粮食产

量占世界粮食产量的 25% 左右，超过了世界粮食贸易总量的 2
倍多；二是 2010 年中国工业增加值为 160722 亿元，2014 年增
长到 227991 亿元，2010—2014 年年均增长速度达到 8.3%，超
过"十二五"期间年均增长 8% 的目标值。2013 年，中国制造
业产出占世界比重达到 20.8%，自 2010 年始已连续 4 年保持
世界第一大国地位。在 500 余种主要工业产品中，中国有 220
多种产量位居世界第一；三是从货物进出口贸易额看，2010 年
中国货物进出口贸易额为 29740 亿美元，2014 年为 43030 亿美
元，约占世界贸易总量的 11%，在 2013 年中国进出口贸易总
额就超过美国成为世界第一大货物贸易大国；四是在"十二
五"期间，重大基础设施建设成效显著，铁路、公路、民航、
水路、管道等交通基础设施规模进一步扩大、网络化程度提
高，通车运营的铁路里程从 2010 年的 9.12 万公里提高到 2014
年的 11.18 万公里，高速公路通车里程从 2010 年的 7.41 万公
里提高到 2014 年的 11.19 万公里，光纤宽带网络和 3G 网络已
覆盖所有城镇，移动电话普及率从 2010 年的 64.36% 提高到
2014 年的 94.5%，互联网普及率从 2010 年的 34% 提高到 2014
年的 47%。

总体而言，中国实体经济规模不断扩大，如果我们以农
业，工业，建筑业，批发和零售业，交通运输仓储和邮政业的
生产总值作为宽口径实体经济规模，2010 年中国实体经济规模
为 300135.6 亿元，2014 年则扩大到 422013 亿元。可以说，在

"十二五"期间，中国牢固取得了实体经济总量世界大国的地位。

"十二五"期间中国实体经济发展不仅仅体现在数量增加上，也体现在质量改善上。例如，"十二五"期间，中国取得了探月"嫦娥"、入海"蛟龙"、中国高铁、"天河一号"、国产大飞机 C919、"天宫一号"等一批体现高精尖制造业复杂性生产能力突破的重大科技成果；又如，从工业内部结构变化看，高加工度化趋势明显，即使在经济增速明显放缓的背景下，工业中的原材料行业、装备制造业和消费品行业中，装备制造业增长迅速，具有三大行业之首，2014 年制造业维持了 9.4% 的增速，而采矿业、电力燃气及水的生产和供应业的增速仅为 4.5% 和 3.2%。制造业中技术密集型产业和战略性新兴产业发展迅速，近年高技术产业增速一直高于工业平均增速，节能环保、新一代信息技术产业、生物制药、新能源汽车等行业发展尤为迅速；再如，2010—2013 年，全国亿元 GDP 能耗从 0.81 万吨标准煤下降到 0.66 万吨标准煤，下降 18.5%，已提前完成 16% 的"十二五"规划目标。亿元工业增加值用水量从 0.0090 亿立方米下降到 0.0067 亿立方米，下降 34.9%，也已提前完成 30% 的"十二五"规划目标。

因此，"十二五"期间虽然中国实体经济发展面临着各方面挑战和压力，但仍取得了引人瞩目的成就，形成了庞大的实体经济盘子，这为中国这样的一个社会主义大国奠定了坚实的物质文化基础。

二　在"虚实脱离"的常态中坚持"实体经济决定论"

与上述实体经济发展成就相伴而行的是，近年来经济下行压力不断增大，实体经济尤其是制造业盈利水平不断下降、成本不断提升，小微企业面临成本高、税费重、融资难、招工难等一系列生产经营困难，而形成巨大反差的是金融、房地产等行业中的虚拟经济成分却普遍存在暴利现象和投机空间巨大。毋庸置疑的是中国的确存在虚拟经济与实体经济脱离的现象，可争议的只是这种脱离程度有多大。

如果从理论上分析虚拟经济与实体经济的关系，可以说虚拟经济与实体经济脱离是一种常态，而且随着工业化进程的推进和金融全球化时代的到来，这种脱离的程度在宏观调控和监管不到位的前提下将会不断加大，直至演化为金融危机。以金融业为主体的虚拟经济的基本功能是可以降低实体经济的广义交易成本，从而提高效率、促进经济增长，它可以具体发挥支付结算、资源配置、风险转移和信息显示等功能。但是，相对实体经济交易而言，虚拟经济本身是可以单独进行交易的，其交易不仅比实体经济更具有流动性，而且还可以是跨越时空的。虚拟经济所具有的跨域时空的快速流动性，决定了实体经济必然滞后于虚拟经济，从而虚拟经济脱离实体经济成为常态。信息技术和金融全球化又加快了这种跨越时空的流动性，促进了这种脱离的程度。如果将经济活动分为物流、信息流和资金流，在信息流的帮助下资金流是可以脱离物流并快于物流单独流动的，也是有助于实现降低实体经济交易成本功能的。但是，当"以钱生钱"的资金流完全脱离了"以物生钱"的物流、资金流完全自我循环时，由于"以钱生钱"欲望是无止境的，一旦基于实体经济企业利润"以物生钱"速度无法支撑这种快速膨胀的"以钱生钱"欲望时，经济泡沫越来越大，金融危机随之也就产生了。金融危机的作用在于对这种虚拟经济与实体经济过度脱离进行破坏性的纠正。这说明经济发展本质上还是由实体经济是否发展决定的。认识并允许虚拟经济脱离实体经济这种常态，但要坚持"实体经济决定论"，这是正确处理实体经济与虚拟经济关系的基本原则，也是经济发展政策和宏观调控政策的基本导向。而政策的关键是如何根据经济环境、经济发展阶段及经济运行状况决定虚拟经济发展的"度"，动态调控虚拟经济发展的方向与速度，促进金融创新要以实体经济发展为中心。

对于中国而言，伴随着中国工业化进程、金融创新和对外开放的不断推进，"十二五"期间中国实体经济发展速度是相对落后于虚拟经济发展速度。如果还以上述实体经济规模的口径计算，中国实体经济规模占 GDP 比例从 2010 年 73.7% 下降到 2014 年的 66.5%，而同期货币供应量 M2 是 GDP 的倍数从 1.78 倍上升到 1.93 倍。但是，中国"十二五"期间虚拟经济与实体经济这种分离程度加大的趋势是与中国总体上经济服务化的趋势相关的，符合中国的经济发展阶段特征。迄今为止，中国实体经济发展取得了巨大成就，中国经济健康运行，这表明这种脱离程度还在合理区间，还属于可以接受的"虚实脱离"常态。实际上这恰恰是认识到"虚实脱离"常态同时而一直坚持"实体经济决定论"导向的经济政策的结果。国际金融危机后，尤其是"十三五"，中国推出一系列大力发展实体经济、金融支持实体经济的政策，从国际金融危机后推出十大产业调整振兴规划，到 2015 年 5 月推出《中国制造 2025》，从 2011 年中央经济工作会议强调要牢牢把握发展实体经济这一坚实基础，到 2013 年 7 月国务院下发《关于金融支持经济结构调整和转型升级的指导意见》，从地方出台的多项金融支持实体经济的具体政策措施，到金融业建设支持实体经济发展的现代金融体系的各项努力，都充分体现出政策的"实体经济决定论"的导向。可以说，在"虚实脱离"常态中坚持"实体经济决定论"的政策导向，是"十三五"摸索出的重要的宏观调控经验。

三 "十三五"时期实体经济发展战略需要重大调整

虽然中国已经成为一个实体经济的世界大国,但是,中国实体经济根基还有待进一步加强,这表现为实体经济还存在一系列问题,这包括适应"新常态"的动力机制还没有形成,劳动生产率正逐年下降,关键领域的创新能力仍然不高,产能过剩问题已成为困扰中国实体经济发展的痼疾,节能减排压力依然巨大,未来发展正面临着来自发达国家的高端和新兴经济体的低端的"双端挤压"。"大而不强"成为中国实体经济的根本特征,推进实体经济从大向强的转变是"十三五"时期的重大任务。

伴随着新一轮产业革命的深入拓展、全球贸易投资秩序的加速重构以及中国国内要素条件和制度基础的深刻转变,"十三五"时期要推进实体经济从大向强的转变,实体经济发展战略要进行重大调整,战略的重点应从总量扩张转向能力提升,发展的核心在于提高各个实体产业的劳动生产率和全要素生产率。首先,农业部门要通过转变农业发展方式、扩大农业经营规模、拓展农业多种功能逐步提高自生发展能力;其次,工业部门将以大力推进《中国制造2025》为抓手,通过核心能力构建进一步突出制造业在国民经济中的创新驱动和高端要素承载功能，其发展目标将由通过投资驱动规模扩张来促进经济增长和扩大就业转向通过技术创新提高实体经济可持续增长能力和全球竞争力，发展模式将从模块化产品向一体化产品转型升级、简单产品向复杂产品转型升级，由过去粗放的大规模标准化生产和模仿创新向精益化生产和自主创新转变；再次，服务业尤其是生产性服务业要通过打破垄断和市场管制、改革投资审批、加强信用制度建设等深化体制机制改革措施，消除体制机制障碍，实现服务能力的提升，从而在实体经济部门从大向强的转变过程中发挥更大的作用；最后，要大力推进工业化和信息化的融合，促进实体产业之间的融合发展，在融合中提升各个产业的创新发展能力。

围绕实体经济发展战略的转变，"十三五"期间支持实体经济发展的政策着力点也要进行相应的调整。一是从全面营造有利于实体企业发展的环境转向重点激励和服务实体企业的创新行为。要不断深化科研体制机制改革，完善服务中小企业的共性技术研究体系和科技公共服务体系，鼓励企业从重产品创新向重工艺创新转变；二是从促进资源集中和培育大企业转向促进形成多元化的企业主体和公平竞争生态。要创新农业经营主体，深化国有企业改革，打破包括金融在内的所谓战略领域的垄断，政策资源配置的重点逐渐由大企业向高技术小微企业转变；三是从强调优化产业数量比例关系到强调产业融合发展。要突破传统的"产业结构对标"的思路，消除政府对部门间要素流动的扭曲和干预，减少部门垂直管理带来的产业融合障碍，促进三次产业间和各产业内的技术融合、商业模式融合和政策协调；四是从强调通过金融政策创新扶持实体经济转向强调通过金融体系创新支持实体经济。要深化体制机制改革，完善整体金融体系，实现金融业务体系和金融监管体系的协调发展，形成在"虚实脱离"常态中的坚持"实体经济决定论"经济运行机制。

（原文载于《求是》2016 年第 4 期）

我们离实现工业化梦想从来没有如此之近

　　近代以来，中国实现工业化、成为一个经济现代化国家，是中国众多仁人志士为之奋斗终生的一个伟大梦想。成为一个工业化国家，是中华民族实现伟大复兴的一个重要标志，实现工业化是"中国梦"一个重要经济内涵。在 2012 年，党的十八大在十六大确立的全面建设小康社会的目标基础上提出到 2020 年全面建成小康社会，基本实现工业化。那么，经过改革开放以来工业化进程的快速推进，尤其是在步入经济新常态以后，现在中国工业化达到了什么水平，处于怎样的阶段，我国离实现工业化还有多远？中国能否在 2020 年基本实现工业化并进一步顺利地成为工业化国家吗？

　　自 2005 年我们开发出工业化水平综合指数以来，一直利用工业化水平指数对中国工业化水平进行了连续的跟踪评价。

如果把工业化划分为前工业化、初期、中期、后期和后工业化阶段，本文利用工业化水平综合指数最新测算表明，在经历了"十一五"时期的快速增长后，在 2010 年中国的工业化水平达到了工业化中期的后半阶段，即将步入工业化后期。2011 年以后中国工业化水平就进入工业化后期，虽然整个"十二五"时期中国经济逐步步入增速放缓、结构趋优的经济新常态，到 2015 年，中国的工业化还是快速地推进到工业化后期的后半阶段。应该说，这个判断具有重要的价值，这意味着中国离基本实现工业化已经很近，而且我们从来没有离实现工业化如此之近。

进一步我们可以对 2020 年的工业化水平进行粗略估计。首先，从总体工业化水平指数看，如果我们根据"十二五"时期工业化速度推测，假定"十三五"中国能够保持"十二五"时期工业化速度，到 2020 年工业化水平综合指数将超越 100。但是考虑到工业化后期工业化进程逐步放缓的趋势，只要"十三五"时期工业化速度不大幅低于"十二五"时期（不低于 60%），到 2020 年工业化水平综合指数也会大于 95，大体接近 100。另外，如果采用计算出 1990—2015 年中国历年的工业化综合指数，本文将这一时间序列利用 Matlab 软件进行"S"形轨迹的拟合，结果在 2025 年工业化水平综合指数会达到最大值 100。其次，从工业化进程的具体衡量指标看，到 2020 年，中国人均 GDP 超过 1.2 万美元，服务业比重达到 55% 以上，制造业增加值占商品增加值比例 60% 左右，城镇化率超过 60%，三次产业结构非农产业就业占比超过 80%。人均 GDP 指标和三次产业产值结构指标已经落到了后工业化阶段标准值范围中；制造业增加值在 2010 年已经超过了 60%，达到后工业化后期的阶段，近年有下降趋势，大体应该能够稳定在工业化后期阶段标准值范围中；城镇化率和三次产业结构中非农产业占比指标值则属于工业化后期的标准值范围。最后，从具体省级区域看，绝大多数东部省份和部分中部省份会步入后工业化阶段，大多数中部省份会步入工业化后期后半阶段，而一半左右的西部省份将步入工业化后期的前半阶段。因此，综合上述三方面的分析，对于中国这个预计 2020 年人口将达到 14.2 亿人口的大国而言，中国工业化水平综合指数大体接近 100，人均 GDP 和三次产业产值比例这两个关键指标达到后工业化阶段标准，可以认为中国已经基本实现了工业化，完成了十八大提出的基本实现工业化总体目标。但是，由于中国工业化进程的不平衡性，人口城市化率相对于工业化国家还较低，一些中西部省份工业化水平还较落后，到 2020 年，中国还没有全面实现工业化，还不是一个真正意义的完全的工业化国家。这意味着，2020 年中国基本实现工业化后，中国还面临着继续深化工业化进程、推进全面实现工业化的重大任务。

如果到 2030 年，再经过十年左右工业化进程的深化，不仅工业化水平综合指数肯定超过 100，而且各个单项指标都会有更大的进展。综合现有的各家机构预测，在 2030 年中国 GDP 总量将超过美国成为世界第一，人口城镇化率也将超过 70%，服务业增加值占比超到 65%，非农就业占比达到 90%，从这些指标看大致都会处于后工业化阶段。从各个省级区域看，绝大多数省份会步入后工业化阶段。而且，基于《中国制造 2025》规划，在 2025 年中国将步入世界制造强国行列，2035 年将达到世界制造强国的中等水平，这也意味着 2030 年前后中国一定是一个工业化国家。因此，如果不出现大的曲折，中国工业化将在 2030 年前后全面实现工业化，进入到工业化国家行列，成为一个真正意义的工业化国家。

无论是到 2020 年中国基本实现工业化，还是到 2030 年中国全面实现工业化，我们需要明确的是，中国所实现的工业化，并不是传统意义的工业化，而是信息化时代以信息化引导工业化、信息化与工业化深度融合的新型工业化道路下的工业化，既要符合中国工业化阶段的国情，又要适应发达国家"再工业化"的世界工业化趋势。与老牌工业化国家的发展环境不同，中国的快速工业化进程与世界信息化趋势叠加。

党的十六大提出，中国要走区别于传统工业化道路的新的工业化道路。即坚持以信息化带动工业化，以工业化促进信息化，从而达到科技含量高、经济效益好、资源消耗低、环境污染少、人力资源优势能充分发挥。这意味着，作为后发国家的工业化，中国一定要立足自己工业化国情，又要符合世界科技与经济发展的新趋势。美国国际金融危机后，发达国家纷纷推出了以重振制造业和大力发展以实体经济为核心的"再工业化"战略。"再工业化"战略不是简单地提高制造业产值比例，而是通过现代信息技术与制造业融合、制造与服务的融合来提升复杂产品的制造能力以及制造业快速满足消费者个性化需求能力，这种制造业信息化与制造业服务化的趋势使得制造业重新获得竞争优势。虽然这两种趋势的源头可以追溯到20世纪八九十年代，但金融危机后，随着对制造业发展的重视，在政府的大力推动下，制造业信息化和制造业服务化成为世界工业化进程的两个重要趋势。《中国制造2025》的提出，也正是响应这种世界工业化发展趋势而制定的工业化战略。

　　虽然我们离实现工业化的梦想如此之近，但这并不意味着我们可以一帆风顺地实现工业化。工业化史表明，后发国家的工业化进程往往是曲折的，迄今为止真正成功"赶超"而实现工业化的国家屈指可数，除了几个小的经济体外，大约只有日本和"四小龙"等少数国家和地区成功实现了工业化。随着工业化水平的提高，中国经济服务化的趋势加大，我国经济发展中呈现出"脱实向虚"问题，实体经济供给与金融供给之间、实体经济供给与房地产供给之间存在着严重的结构性失衡。这个结构性失衡问题，中国必须高度重视。否则伴随着以制造业为主体的实体经济萎缩，会出现经济结构高级化趋势明显、但效率反而降低的"逆库兹涅茨化"问题。对于处于中等收入阶段中国而言，效率下降会使得我们加大步入"中等收入陷阱"的风险，进而使中国不能够顺利地实现工业化。

　　我们必须高度重视工业的发展。当今整个世界仍处于工业化时代，工业的重要地位并未改变。中国应该更加关注工业本身所蕴含的生产能力和知识积累，工业特别是制造业不仅是技术创新的主要来源，而且还是技术创新的使用者和传播者。实际上，快速的、低成本的工业化战略造就了数量庞大的中国工业，但是也遗留下工业大而不强、工业发展质量亟待提升的重大问题。虽然从 2010 年开始中国制造业产值已经居世界第一位，但中国制造业劳动生产率还不及美国的五分之一。如果不能够继续进一步深化工业化进程、促进制造业转型升级、进而提高效率，那么中国可能会因过早地"去工业化"而最终无法实现成为一个工业化国家的中国梦，即使现在中国离这个梦想仅一步之遥。而且，在中国深化工业化进程过程中，还面临着国际金融危机以来美国、德国、日本等工业化国家积极推进"再工业化"战略所带来的高端挤压及资源争夺压力。新任美国总统特朗普对制造业的高度重视，意味着中国与美国的经济竞争更多的是实体经济的竞争，是制造业发展的竞争。因此，未来中国深化工业化进程、促进制造业转型升级面临巨大的挑战。中国要迎接这些挑战，一方面要处理好城市化与工业化的关系，避免城市化与实体经济脱节，不能让房地产仅成为炒作对象，要让城市化进程真正发挥对实体经济转型升级的需求引导作用；另一方面要处理好信息化与工业化的关系，促进工业化和信息化的深度融合。深化工业化进程的重点是以智能制造为主导推进工业互联网发展，要注意尽量减少由于电子商务大发展而产生的对高质量产品"挤出效应"以及对低成本实体经济需求的"扩张效应"；三是要处理好国际化与工业化的关系，要坚持技术引进与消化吸收再创新、原始创新相结合，在扩大开放基础上交流融合创新，推进中国工业沿着高端化、智能化、绿色化、服务化方向转型升级。

（原文为作者为社会科学文献出版社出版的《工业化蓝皮书2017》撰写的前言）

第二篇　供给侧改革新思考

供给侧结构性改革：把握实质与
实质推进

　　"十二五"时期中国的现代化进程步入工业化后期阶段，经济增长从高速转向中高速的"新常态"特征日趋显著，2011—2015年中国经济增长率分别为9.5%、7.7%、7.7%、7.3%和6.9%，2016年上半年经济增速进一步放缓到6.7%。面对经济下行趋势，经济"新常态"更需要主动适应和战略引领。基于改革开放30多年对供给管理手段和需求管理手段的认识和经验，2015年中央经济工作会议提出了在适度扩大总需求的前提下深入推进供给侧结构性改革，要求用改革的办法推进结构调整，减少无效和低端供给，扩大有效和中高端供给，增强供给结构对需求结构的适应性和灵活性，提高全要素生产率。供给侧结构性改革是以习近平为总书记的党中央提出的适应和引领经济"新常态"的重大战略和政策方针，我们一方面要科学认识、准确把握供给侧结构性改革的实质，另一方面要不畏艰难、实质推进供给侧结构性改革。

一　准确把握供给侧结构性改革的实质内涵

供给侧结构性改革是针对中国经济从高速增长转向中高速增长的"新常态"背景下提出的。2015年的经济形势被概括为"经济增速下降、工业品价格下降、企业利润下降、财政收入下降和经济运行的风险概率上升"的"四降一升",经济运行由于增速下降带来的压力无疑是前所未有的。无论是从中国的人口红利视角,还是从经济结构转换视角,以及中国的工业化进入后期阶段看,中国经济减速在更大程度上要归结于潜在经济增长率下降,而针对潜在增长率的下降,应该更多地从供给侧角度分析问题、把握政策着力点。也就是说,中国当前经济运行面临的"四降一升"问题需要更多地从供给侧分析并给出政策建议,主要是通过对生产要素投入的管理来优化要素配置和调整生产结构,从长期解决经济增长的动力,从而提高经济潜在增长率。当前经济运行主要表现出的问题是低端和无效,产能过剩、房地产行业库存大幅增加、非金融企业负债和成本不断提高、基础设施和高端供给还存在"短板"等方面,这主要是供给结构不能适应需求结构变化的表现。

供给结构的问题可以具体表现在企业、产业和区域三个层面。在企业层面的突出表现有,企业素质结构不合理,存在大量的"僵尸企业"，优质企业数量不够，造成生产要素不能集中配置到高效企业，无法实现资源有效配置；企业所有制结构还不合理，国有企业改革和战略性调整还任重道远，企业公平竞争的发展环境还有待建立完善；企业产品结构还无法适应消费结构变化，高品质、个性化、高复杂性、高附加值的产品的生产能力不足，相对于其提供的产品和服务价值而言企业生产成本还比较高。在产业层面的突出表现有，国际产业链分工地位有待提升，产业亟待从低附加值环节向高附加值环节转型升级；行业结构高级化程度不够，产业中以重化工主导的资源型产业、资金密集型产业占比过大，产能过剩问题突出，而新一代信息技术、高端装备、新材料、生物医药等技术密集型产业还有待进一步发展；产业融合程度还有待提升，工业化和信息化的深度融合水平、制造业和服务业的融合水平都需要进一步提升。在区域层面的突出表现为，一方面，中国生产要素在国内外配置还不合理，"走出去"程度与中国的发展需要还不适应，国际化程度有待提升，利用全球资源的区域战略还有待完善；另一方面，现有区域协调发展水平还有待提高，区域发展差距较大，生产要素区域配置还不能充分地利用区域比较优势，区域分工合理度可进一步提高，不同区域之间生产要素的自由有效流动还不能够实现，区域的制度供给还存在"歧视"。

企业层面、产业层面和区域层面的供给结构问题，可以进一步溯源归结为生产要素结构性矛盾，或者是经济增长的动力结构需要改革。长期以来中国经济增长主要依靠低成本要素驱动，甚至中国工业化进程被描述为低成本的快速工业化。基于低成本的劳动力、资金和技术要素，所形成的企业和产业供给能力自然也主要是低端的。近年来，这种低成本的要素驱动型增长动力结构，越来越不适应经济发展的需求，越来越难以持续下去。一方面，劳动要素新供给的数量在不断下降，2012 年以来中国劳动就业年龄人口的绝对数量每年都以二三百万人左右的规模在减少，同时中国工资增长超过劳动生产率的增长，制造业单位劳动力成本（工资与劳动生产率的比率）提高的速度明显高于主要制造业大国，中国制造业单位劳动力成本相对于美、日、德、韩等国比例，2004—2013 年提高了 10%—15%；另一方面，资本回报率不断下降，资本要素供给的数量驱动力量日趋减弱。据估算，2011 年以来中国资本回报率呈大幅下滑的趋势，2011—2013 年资本回报率分别为 21.1%、16.6% 和 14.7%。针对工业资本回报率的估算表明，2002 年工业边际资本产出率为 0.61，2012 年该值已下降至 0.28。因此，面对要素收益递减趋势，未来经济增长的动力源泉主要应该是提高全要素生产率，只有全要素生产率的提高，才是更可持续的经济增长动力源泉。

　　一个模拟研究表明，2011—2022 年，如果全要素生产率平均增长率提高 1 个百分点，中国经济潜在增长率可以提高 0.99 个百分点。而全要素生产率的提高，关键是提高生产要素质量和通过技术创新优化生产要素结合方式。当前制约生产要素质量提升和技术创新的关键障碍是体制机制，包括政府行政体制、财税金融体制、科研教育体制、市场机制、企业体制等各个方面，深化体制机制改革也就非常必要。因此，供给侧结构性改革的实质是体制机制改革，是通过体制机制改革的办法来推进结构调整，增加高端和有效供给，减少低端和无效供给，实现供给结构优化。

总之，供给侧结构性改革，是针对由于供给结构不适应需求结构变化的结构性矛盾而产生的全要素生产率低下问题所进行的结构调整和体制机制改革。供给侧结构性改革可以拆解为"供给侧＋结构性＋改革"，这可对应"问题—原因—对策"典型的"三段论"逻辑路线：中国当前经济面临的主要问题集中在"供给侧"——供给侧的有效和高度供给不足、无效和低端供给过剩导致全要素生产率低下，这个问题原因是"结构性"——由于体制机制束缚生产力使得供给结构不能适应需求结构变化的结构性矛盾，相应的对策是"改革"——用体制机制改革的方法调整结构、化解结构性矛盾，最终实现解放和发展生产力、提高全要素生产率的经济发展目标。

当前理论界对供给侧结构性改革的混乱解读有三个倾向，必须加以澄清。一是"箩筐"倾向，无论什么样的政策工具或者改革措施，都一揽子归为供给侧结构性改革，甚至一些刺激需求总量的一些短期政策也被归结到"供给侧结构性改革"中；二是"帽子"倾向，仅仅将自己认可的某方面政策工具或者改革措施戴上供给侧结构性改革的"帽子"，并标榜只有这才是供给侧结构性改革的核心，而不能全面联系地理解供给侧结构性改革，例如，认为供给侧就是生产制造环节，或者认为供给侧结构性改革的政策核心是去产能、去库存，或者只片面强调供给，而不能辩证地看到需求和供给的依存关系，等等。三是"标签"倾向，错误的将供给侧结构性改革贴上了西方供给学派和新自由主义框架下"结构改革"标签，认为供给侧结构性改革是西方供给学派的翻版，或者等同于西方新自由主义的"结构改革"。供给侧结构性改革是习近平为总书记的党中央基于中国经济新常态的重要判断、从中国特色社会主义政治经济学理论出发提出的一项重大战略，与西方供给学派和新自由主义的政策主张迥然不同，必须坚决防止这种错误"标签"。

二　实质推进供给侧结构性改革的基本原则

第一，推进供给侧结构性改革要处理好发挥市场机制与政府作用的关系。党的十八届三中全会提出了中国全面深化改革的总体方向和整体蓝图，经济体制改革是全面深化改革的重点，而经济体制改革核心是正确处理市场与政府的关系，要构建使市场在资源配置中起决定性作用和更好地发挥政府作用的经济体制。供给侧结构性改革是全面深化改革的一个组成部分，是针对当前经济中出现的供给结构无法适应需求结构变化的供给侧结构性问题而实施的经济体制机制改革，通过构建市场在资源配置中的决定性作用和更好地发挥政府作用的资源配置的体制机制，来增强供给结构对需求结构的适应性和灵活性。

供给侧结构性改革存在两个可能推进路线，一个是政府通过全面深化体制机制改革，进一步建立和完善市场经济体制，通过市场机制来改变经济增长的动力结构以及经济的企业结构、产业结构和区域结构，化解供给结构不适应需求结构的矛盾，解决供给侧问题，提高供给质量，改善经济运行；另一个可能的线路是政府在现有体制机制框架下通过行政手段直接对供给结构进行调整，包括处置僵尸企业、化解产能过剩、用强选择性产业政策培育战略性新兴产业等等。从现实操作可能性看，近期各级政府可能更倾向选择第二种方式推进供给侧结构性改革。尤其是将供给侧结构性改革的短期任务直接简化为"去产能、去库存、去杠杆、降成本和补短板"五大任务时，在现有的行政体系和激励约束机制下，各级政府短期内更多地倾向于采用行政手段积极推进"三去一降一补"。但从供给侧结构性改革的本质含义看，第一种推进路线才是真正意义的实质推进，甚至第二种路线本身并不是供给侧结构性改革。因此，一定要下大力量深化体制机制改革，通过市场手段来推进"三去一降一补"，让市场在资源配置中起决定性作用。

第二，推进供给侧结构性改革要处理好解决短期供给侧问题和深化长期结构性改革的关系。供给侧结构性改革不能只关注产能过剩、库存高、企业负债高、成本高和存在基础设施短板等供给侧存在的问题本身，不能只就问题谈问题，而忽视了这些问题的背后结构性矛盾。习近平总书记曾强调，"结构性"三个字十分重要，简称"供给侧改革"也可以，但不能忘了"结构性"三个字。当前经济下行压力巨大，地方政府更有积极性解决有利于"保增长"的短期供给侧问题，而缺少动力去下力气完善体制机制、推进结构改革。但只有推进结构改革，才能从长期解决中国经济面临的低端和无效产能过剩、高端和有效产能不足的结构性问题，才能解决潜在增长率下降、全要素生产率亟待提升的问题。

第三，推进供给侧结构性改革要处理单项任务推进与整体改革推进的关系。供给侧结构性改革是一项系统性的改革任务，"三去一降一补"这五方面之间是有机联系的，必须树立对供给侧结构性改革的系统观。地方政府对于"去产能、降成本"这种短期不利于"保增长"的问题也往往并不热衷，而对于通过高房价来"去库存"、通过上项目"补短板"更有内在积极性。2016年的房地产泡沫、粗放经济增长方式回头的问题充分说明了这一点。但这对未来经济健康发展的损害是巨大的，这已经完全违背了推进供给侧结构性改革的初衷，这实质是以推进供给侧结构性改革之名行破坏供给侧结构性改革之实。供给侧结构性改革的关键是创造一个有利于实体经济创新发展的生态系统，2016 年短短几个月房价飞涨已经使近一年来全社会各方下大力量实现的实体经济"降成本"的效果化为乌有，房地产泡沫对我国制造业创新发展生态系统的破坏是毁灭性的，我们必须高度重视。

第四，推进供给侧结构性改革要处理好技术创新中企业家角色和政府作用的关系。供给侧结构性改革本意在于通过体制机制改革激发创新活力，通过技术创新提高全要素生产率，进而提高潜在经济增长率，保证中国经济保持中高速稳定增长。在推动技术创新中，一方面要重视技术创新中的企业家的核心角色。企业家角色的核心内涵是创新，实质推进供给侧结构性改革，内在要求高度重视发挥企业家的核心作用，充分调动企业家创新的积极性；另一方面要发挥政府创建和完善技术创新生态系统的关键作用。基于创新生态系统理论，一个国家技术创新能力的提升，不仅需要研发资金和人才投入等要素数量的增加，更重要的是创新要素之间、创新要素与系统和环境之间动态关系优化，即整个创新生态系统的改善。这需要政府发挥重要作用，当务之急是政府通过深化科技体制和教育体制改革，完善创新网络，提高创新生态系统开放协同性，提高科技成果转化率，提高技术工人的创新能力。

（本文主要内容以记者报道的形式刊登在 2016 年 12 月 28 日《经济参考报》，记者为金辉，题目为"黄群慧：警惕供给侧改革的错误倾向"）

实质推进工业供给侧结构性改革

    "十三五"时期中国工业发展的关键是实质性推进供给侧结构性改革，逐步形成工业强国建设的有效机制，加快实现工业增长新旧动力转换，再造工业发展的新生态系统。

    第一，2015 年工业运行呈现出增速加快下行、结构明显分化的特征，这使得"十三五"时期实质性推进工业供给侧结构性改革更加急迫和必要。

    改革开放以来，按照经济波动看，中国的工业增长大体可以划分四个波动周期，分别是 1978—1985 年，1985—1992 年，1992—2007 年。其中 1992 年为改革开放以来最高增速，全部工业增加值增速高达 21.2%，而 2015 年全部工业增加值增速为 5.9%，是自 1992 年以来两个周期长达 23 年中的最低工业增速。2015 年工业这个增速，无论从人口红利角度分析，还是从中国进入工业化后期阶段来判断，都是与潜在增长率下降趋势相吻合的，也与从高速增长"旧常态"转为中高速增长"新常态"趋势相一致的。而且考虑到这个增速是在中国已经是世界第一的制造业大国基础上取得的,在"工业规模巨大,环境约束增强"的背景下,这个增速依然值得自豪。

从工业内部运行看,结构分化特征十分明显。一是门类结构上,2015 年三大门类中的采矿业规模以上工业增加值增长 2.7%,电力、热力、燃气及水生产和供应业增长 1.4%,而制造业规模以上增加值增长 7.0%。其中制造业中的高技术产业增加值比上年增长 10.2%,比规模以上工业快 4.1 个百分点,占规模以上工业比重为 11.8%,比上年提高 1.2 个百分点。二是行业结构上,在 41 个工业大类行业中,一些高技术及其相关行业和一些经济下行时的逆周期性行业(如废弃资源综合利用业),2015 年保持了较高的增速,而一些资源开采、原材料产业下滑十分严重,例如,石油和天然气开采业、煤炭开采和洗选业以及黑色金属矿采选业的主营业务收入分别下降 32.6%、14.8% 和 20.7%,利润则分别下降高达 74.5%、65% 和 67.9%。三是在区域结构上,中、西部地区规模以上工业增加值增速分别快于东部地区 0.9 个和 1.1 个百分点,西藏、重庆、贵州、天津和江西规模以上工业增加值同比增速都超过了 9%,而山西和辽宁省工业增加值出现负增长,分别为 -2.8% 和 -4.8%。这种结构分化特征,无疑是一种工业增长结构不断优化、动力正在转换的表现。但是,这种转换的速度和力度还远远不够,一方面,高新技术等新兴产业规模不够,在整个工业中所占比例还不高，在经济下行巨大压力下增速还不够快，另一方面，一些原材料产业产能过剩问题突出，出现了断崖式的下降，这"增少减多"的动力转换格局必然影响了整体工业的增速，这也同样解释了各个省级区域工业增速为什么会差异巨大。

　　虽然2015年这种增速还不能称之为"失速"，仅仅是减速，但在如此大的经济下行压力下，各方面指标显示工业运行风险概率在提高。2015年制造业采购经理人指数PMI一直维持在荣枯线左右，2016年2月PMI为49.0，为7年新低，尤其是小型企业则出现大幅下滑；2015年规模以上工业企业实现出口交货值118582亿元，比上年下降1.8%；2015年全国规模以上工业企业实现利润总额63554亿元，比上年下降2.3%，这是自2000年以来首次出现负增长。伴随着利润下降，企业负债率开始高企。因此，加大创新力度，做大高新技术产业，大力改造传统产业，加速推进工业新旧动力转换，就成为我国工业发展的当务之急。而这正是工业供给侧结构性改革应有之义。随着人口红利快速消失、企业制造成本不断上升、资本边际回报逐步下降，我国工业增长的主要源泉必然是创新。创新活动是一项复杂的系统工程，工业创新能力提升需要整个工业生态系统的变革。工业供给侧结构性改革的基本任务是从供给侧入手，从企业、产业和区域各层面推进，通过深化改革优化工业资源配置机制，提高供给要素质量，再造一个工业发展的新生态系统。这个新工业生态系统与原有的工业生态系统的关键区别是，具有更高的创新能力与全要素生产率，工业增长方式从劳动力和物质要素总量投入驱动主导转向了知识和技能等创新要素驱动主导，适应中国从工业大国向工业强国转变的根本需要。

第二，从企业层面推进工业供给侧结构性改革，"十三五"关键任务是处置"僵尸企业"、降低实体企业成本和深化国有企业改革，完善企业创新发展环境。

一是处置"僵尸企业"。"僵尸企业"是不具有自生能力，主要依靠政府补贴、银行贷款、资本市场融资或借债不断"输血"而勉强维持运营的企业。中国现阶段的"僵尸企业"大多分布在产能过剩的行业，这既包括处于钢铁、水泥、电解铝等产能绝对过剩行业，也包括存在于光伏、风电等产能相对过剩行业。从所有制结构看，"僵尸企业"大多属于社会包袱重、人员下岗分流难度大、容易获得银行贷款国有企业。"僵尸企业"存在主要是因为中国市场机制不完善、政府过度保护、产业政策选择性过强，使得市场无法快速出清而造成的。这些企业占用大量经济资源却不产生经济效益，极大降低资源使用效率，恶化市场竞争秩序，严重影响经济发展活力，加剧了金融风险，成为中国经济健康发展的关键掣肘。因此，加快处置"僵尸企业"、推进"僵尸企业"重组整合或退出市场，成为中国工业供给侧结构性改革的一项主要内容和近期经济政策的重要着力点。当前，处置"僵尸企业"，政府应在全面评估"僵尸企业"经营困难程度、成因和未来发展潜力的基础上，抓住重点、分类化解、精准施策，协调推进，强调通过市场竞争机制决定"僵尸企业"的破产、重组还是存续以及存续企业转型、改革的方向。

二是降低实体企业成本。实体经济是一国经济之本。当前，中国经济步入工业化后期并呈现出明显经济服务化趋势，2013 年中国服务业占比超越工业成为第一大产业，2015 年第三产业占比超过 50%，经济"去实体化"的内在结构演进风险在不断加大。再加之中国实体企业面临着发达国家的高端挤压和新兴经济体低端挤出的国际环境，实体企业面临着巨大的下行压力。保证实体经济这一根基稳步发展，成为"十三五"时期颇具挑战性的重大任务。因此，政府一方面要进一步简政放权，降低制度性交易成本，另一方面要围绕降低实体企业人工成本、税费负担、财务成本、能源成本、物流成本等各个方面进行一系列的改革，出台切实有效的政策措施，营造有利环境，鼓励和引导企业创新行为。

三是深化国有企业改革。2016 年一定要能够在垄断行业国有企业混合所有制改革、建立以"管资本"为主的国有资产管理体制、国有经济战略性布局调整和完善现代企业治理结构等方面迈出实质性的步伐，为整个"十三五"时期的国有企业改革奠定一个良好的基础，确保到 2020 年在国有企业改革重要领域和关键环节取得决定性成果。深化国有企业改革的意义不仅仅在于国有企业自身的发展，还在于营造一个良好的公平竞争的市场化环境。

第三，从产业层面推进工业供给侧结构性改革，"十三五"关键任务是化解产能过剩和积极推进《中国制造 2025》战略，实现工业经济增长动能转换。

一方面，对于步入工业化后期的中国工业，化解在工业化中期所积累庞大的工业产能，无疑是"十三五"时期的一些重大任务。到 2016 年 2 月，中国工业品生产者价格指数 PPI 已经连续 48 个月的负增长，在很大程度上说明此轮工业产能过剩化解任务的艰巨性。"十三五"时期如何综合运用市场机制、经济手段、法治办法和必要的行政手段，对过剩产能实现市场出清，是工业供给侧结构性改革任务的重中之重。当前，尤其是要做好对于钢铁、煤炭、电解铝、建材等行业过剩产能退出工作。另一方面，要积极实施《中国制造 2025》，推进"互联网＋中国制造"，加快培育工业增长新动能。2015 年提出的《中国制造 2025》，其意义不仅仅在于中国制造业有了到 2050 年的发展蓝图，更在于描绘了中国未来整体经济增长"新发动机"，这是中国经济在发展方向和战略布局一个重大突破。

无论是化解过剩产能，还是积极推进《中国制造 2025》与"互联网＋"战略，都要注意把握使用财政货币政策和产业政策的"力度"和"协同度"。一是要坚决避免以加快推进《中国制造2025》为借口，进一步强化实施选择性产业政策，从而影响良好技术创新生态的建设，最终背离了《中国制造2025》的初衷；二是要注意政府政策的协同性，尤其是警惕政府在房地产"去库存"过程中，因税收政策调整而刺激房价提升，进一步恶化制造业企业创新发展生态；三是注意产业政策与竞争政策的协同，推进产业政策从政府选择、特惠措施为主的选择性产业政策取向，转向普惠性、促进公平竞争和科技进步的功能性产业政策取向，从而促进竞争政策基础地位的逐步实现。当以"稳增长"为目的的选择性产业政策与以"调结构"为目标的竞争政策发生抵触时，一定要在决策价值观上倾斜竞争政策。

第四，从区域层面推进工业供给侧结构性改革，"十三五"关键任务是通过实施新区域发展战略优化区域工业资源配置，拓展工业发展空间。

"十三五"期间，中国将深入推进"一带一路"、京津冀协同发展、长江经济带和东北老工业基地振兴等新区域发展战略，一方面，这些战略的实施有赖于工业供给要素的跨区域有效流动，另一方面这些区域战略实施也极大地拓展了工业增长的空间。"一带一路"战略可以促进中国工业产能合作，中国企业在"走出去"的过程中，推动自身产业转型升级，实现工业国际竞争力的提升；京津冀协同发展战略不仅可以创造在基础设施方面的巨大工业投资需求，同时也努力构造研发与制造产业链条京津冀三地跨区域协同的新的工业生态系统；长江经济带战略覆盖全国 11 个省市，将我国东、中、西三大地带连接起来，有利于优化城市空间布局和工业分工协作，形成东中西互动合作的制造业协调发展带，有望形成若干符合《中国制造 2025》战略方向的、世界级的、有竞争力的先进制造业集群；东北老工业基地振兴则旨在到 2030 年将东北地区打造成为全国重要的经济支撑带，具有国际竞争力的先进装备制造业基地和重大技术装备战略基地，国家新型原材料基地、现代农业生产基地和重要技术创新与研发基地。

最后需要强调的是，供给侧结构性改革的本意在于创新驱动，而企业家角色的核心内涵正是创新。实质推进工业供给侧结构性改革，无论是从企业层面处置"僵尸企业"、降低实体企业成本和深化国有企业改革，还是从产业层面化解产能过剩和实施《中国制造 2025》，以及从区域层面推进"一带一路"、京津冀协同发展、长江经济带和东北老工业基地振兴等新区域发展战略，都要高度重视发挥企业家的核心作用，调动企业家创新积极性。

（原文载于《经济日报》2016 年 4 月 28 日 13 版）

以供给侧结构性改革完善制造业
创新生态

  这些年中国一直致力于推进创新型国家建设，提升企业创新能力。过去十年，中国企业研发投入增长了近5倍，中国工业企业研发人员增长了近4倍，企业的研发机构数量增长了2.3倍。但是，中国制造业创新能力与世界工业强国差距还很大，究其原因，从根本上可以归结为中国的制造业创新生态亟待完善。基于创新生态系统理论，一个国家技术创新能力的提升，不仅需要研发资金和人才投入等要素数量的增加，更重要的是创新要素之间、创新要素与系统和环境之间动态关系优化，即整个创新生态系统的改善。因此，完善制造业创新生态对提升中国制造业创新能力、推进制造强国建设具有重要意义。结合"十三五"中国供给侧结构性改革，完善制造业创新生态应该着重从以下几方面入手。

  一是修补制造业创新链，提高科技成果转化率。科技成果转化率低一直是中国创新能力不高的突出表现，一般工业发达国家的科技成果转化率可达30%—40%，而中国仅达10%左右。这其中一个关键原因是中国创新链在基础研究和产业化之间存在断裂或者破损。美国构造国家制造创新网络（NNMI）时，将制造技术基础研究到商业化生产之间划分为制造基础研究、概念验证研究、实验室试制、原型制造、生产条件能力培育、生产效率提升六个环节，提出NNMI旨在填补实验室试制、原型制造能力这两个环节的缺失。对于中国而言，由于受到科研事业单位体制机制约束，科研项目往往是以课题结项而非转为现实生产力为目标，这个问题更为突出。因此，深化供给侧结构性改革，打破科研事业单位体制机制约束，围绕行业需求整合现有创新载体和资源，构建新型制造业创新平台，开展行业前沿和竞争前共性关键技术、先进制造基础工艺等方面研发和产业化推进等方面工作，弥补技术研发与产业化之间的创新链缺失，对于提高科技成果转化率、强化制造业技术创新基础能力至关重要。

二是构建制造业创新网络，提高创新生态系统开放协同性。协同开放是有效创新生态系统的基本要求，但受体制机制约束，中国各类创新组织之间，包括政府、企业、高等院校、科研机构以及中介机构和社区组织，在创新信息分享、科技人才使用以及创新资本流动等方面开放协同性都远远不够。因此，推进供给侧结构性改革时要深化行政、事业和国有企业的体制机制改革，按照市场化原则，强化政府、企业、科研院所、高校等各方面创新主体充分互动，促进信息、人才和资金在各类组织之间有效流动，形成开放合作的创新网络和形式多样的创新共同体，从而有效利用全球各种组织的创新资源，完善创新条件，提升中国制造业创新能力和国际竞争力。

三是改善中小企业创新的"生态位"，提高中小企业制造创新能力。国外发达国家的经验表明，中小企业在制造创新生态系统中具有重要的地位，不仅是科研成果转化的主力，而且大多数颠覆性技术创新都是中小企业实现的。在制造业信息化成为制造业技术创新的主导趋势下，中小企业创新作用更为突出。但是，中国的中小企业创新"生态位"的位势比较低，无论是创新资金获取，还是科技成果来源，以及政府的产业政策倾斜，都比大型企业处于劣势地位，中小企业在技术创新中的作用还没有得到很好地发展。因此，推进供给侧结构性改革时要深化行政体制和科研体制改革，进一步完善"大众创业、万众创新"的环境，从而为中小企业创新能力提升创造更好的条件。

四是加强各层次工程技术人员培养，提高技术工人的创新能力。在制造业创新生态系统中，各层次工程技术人员的素质和能力是制造业基础工艺创新的决定性的要素。世界工业创新强国都十分重视从领军人才到一线技术工人各个层次的工程技术人员的培养。对于中国而言，推进供给侧结构性改革时要重点深化教育体制改革，改变"工科院校理科化"和单纯重视精英型的培育引进的教育模式，转向同时关注工程师、高技能工人和一般产业工人通用技能提升的政策导向，重点是构建由企业、大学、技工学校和改革服务机构共同组成的终身学习体系，从而动态地保持创新生态系统的基础创新能力。

（原文载于《光明日报》2016 年 4 月 27 日 15 版）

为什么改革最难的地方在执行

  深化供给侧结构性改革要求市场在资源配置中起决定性作用，打破垄断，健全要素市场，使价格机制真正引导资源配置。2015年10月中央已经出台了推进价格机制改革的意见，提出加强市场价格监管和反垄断执法、确立竞争政策的基础性地位，2016年国务院出台了在市场体系建设中建立公平竞争审查制度的意见。这两项制度对于深化供给侧结构性改革、发挥市场在资源配置中起决定性作用都有重大意义。

  但是，无论是反垄断执法，还是实施公平竞争审查制度，在具体实施推进中都面临着巨大的阻力，在保护公平竞争、使价格机制引导资源配置方面作用并不明显。

  这背后至少有两方面的原因，一是执法管理部门分别隶属于发改委、商务部、工商局三个部门，部门内部管理协调、共同执法部门间管理协调问题突出；二是这三个管理部门在进行反垄断执法、公平竞争审查中面临着地方政府、行业经济管理部门的巨大阻力。例如，当前中国经济结构出现了实体经济与虚拟经济的结构性失衡，而通过对金融业反垄断执法这种市场机制完善手段，是非常有利于纠正这种失衡的，但是由于银行背后的管理部门"强势"，这种手段几乎难以发挥作用。

问题的根源在于行政体制问题，这种市场机制保护部门"内嵌"于政府经济管理部门的行政体制，是无法保证实现竞争政策的基础地位的，我们需要将这三个部门的反垄断机构整合为一个独立的机构，使其真正对其他政府经济管理部门的行政权力形成制约，从而逐步建立公平的市场竞争机制。

因此，从这里引申看，仅仅通过"放管服"这样的措施来推进行政体制改革还是不够的，行政体制改革的关键还要深化行政机构改革，从机构整合上下功夫，才是我们深化供给侧结构性改革、发挥市场在资源配置中的决定性作用的一个关键。否则，仅仅是通过"目标管理"的方式让政府部门层层分解任务，努力推进"三去一降一补"，无法实现"标本兼治"的，无法真正实现供给侧结构性改革的根本目标。

实际上，当前中国全面深化改革政策的"四梁八柱"都已经具备，但缺乏执行和实质推进，而执行的障碍在于政府行政体制改革相对滞后，政府机构改革亟待深化，"组织跟着战略走"，改革战略的执行和推进需要政府组织构架的完善甚至重构。因此，深化行政体制改革是当务之急。

（本文是作者在"中国经济50人论坛"2017年年会上的发言）

着力提升实体经济的供给体系质量

基于当前中国经济运行主要问题的根源是重大结构性失衡的判断，中央经济工作会议提出，必须从供给侧结构性改革入手努力实现供求关系新的动态均衡，而供给侧结构性改革，最终目的是满足需求，主攻方向是提高供给质量，也就是要减少无效供给、扩大有效供给，着力提升整个供给体系质量，提高供给结构对需求结构的适应性。而实体经济是供给体系的主体内容，提升实体经济的供给体系质量，无疑是供给侧结构性改革的重中之重。

一 供给体系质量决定了供给适应
需求的程度

质量，是一个日常被广泛使用的词语，在物理学中是指物体所具有的一种物理属性，是物质的量的量度。在社会经济中更广泛地被认为是事物、工作、产品的满足需要的优劣程度。在微观层面，质量常被分为产品质量、服务质量、工程质量和环境质量等各个方面，质量管理学和全面质量管理方法提供了企业层面关于质量的全面科学的认识。与微观层面相比，宏观层面质量虽然被广泛使用但并没有成熟的知识体系。在经济学中，虽然经常使用经济发展质量、经济增长质量，甚至还有人提出所谓的"GDP 质量"，经济增长方式是由粗放到集约、数量规模到质量效益的转变，但在现代经济学中有关质量的经济学分析并不多，实际上现代经济学并没有把质量纳入到自己的分析框架中。但是一些学者也曾做过一些尝试，这些常识分为两大类，一是从质量的经济性角度，也就是质量的成本收益角度研究质量问题的，这类常识虽然可以扩大到社会经济领域，但与微观质量管理比较接近，相对比较狭义；二是更广泛意义的质量经济问题，研究质量问题在社会经济发展中的地位和作用、质量范畴所反映的社会经济关系，以及提高质量的社会经济条件。

如果用经济学方法分析质量问题，必然需要用供给和需求这两个基本的经济学概念和供求关系分析工具，郭克莎（1992）最早提出了质量供给和质量需求的范畴，并将经济学的供求关系划分了总量供求关系、部门供求关系和质量供求关系，提出随着经济发展水平的提高，质量供求不协调问题会更加突出，总量供求关系和供求结构的不协调往往是因为质量供求不协调。应该说，这些研究在一定程度上给我们今天关于提高供给质量化解结构性失衡的政策导向奠定了理论基础。

供给质量改善一定表现为整个供给体系运行效率的提高。由于发展阶段的变化，长期以来中国依靠供给要素数量增加促进经济增长、提高效率的发展方式已经不可持续，现在更多地需要通过创新改善供给要素和供给体系的质量，提高全要素生产率。质量本身就意味着一组特性满足需求的程度，提高供给体系质量实质就意味着满足需求的程度的提高。供给体系可以分为产品（包括服务、工程等各种形式）、企业和产业三个方面组成，那么提高供给体系质量就是提高产品（包括服务、工程质量等）满足消费者需求的特性；提高员工适应环境变化的素质；提高企业适应市场竞争的能力；提高适应消费升级的产业转型升级能力四个方面的内涵。这意味着提高供给体系质量的任务不仅包括微观质量管理所要求的提高产品质量，还包括人力资源管理学关注的员工素质和能力提升，以及企业管理学要关注的整个企业竞争力提高，更是还包括产业经济学所研究的产业自身转型升级、产业结构的高级化和产业组织的合理化。供给体系质量决定了增长质量，进而决定经济发展方式的转变以及经济的可持续发展。

二　扭转"脱实向虚"亟须提高实体经济的 供给质量

在经过了快速的工业化进程，进入"十二五"时期后，中国逐步进入工业化后期，呈现出速度趋缓、结构趋优、动力转换的经济新常态的特征。按照人均国民收入看，中国也进入了中等收入阶段。中国经济能否保持中高速增长从而跨越"中等收入陷阱"成为中国经济发展的最大挑战。在这个阶段后发国家之所以容易陷入经济长期低迷的"中等收入陷阱"，关键是随着工业化的推进和城市化进程的加快，人口结构变化和收入水平提高，由城市化带来的消费升级明显，需要通过创新实现供给质量提升，但创新往往十分困难，最终导致供给结构无法适应消费结构的升级需要，出现一些重大的结构性失衡，供求不能够实现新的动态均衡，从而决定了经济不能够持续性增长。在中国当前，这些结构性失衡主要表现在实体经济供应体系质量不高，影响实体经济供求失衡，实体经济效率逐步降低；大量资本开始"脱实入虚"，或者进入房地产市场炒作，或者在资本市场自我循环，追求在虚拟经济中自我循环，进一步形成资产泡沫，随着泡沫的愈来愈大，离实体经济越来越远，最终形成实体经济与虚拟经济的结构失衡。以农业、工业、建筑业、批发和零售业、交通运输仓储和邮政业、住宿和餐饮业的生产总值作为实体经济宽口径计算，中国实体经济规模占GDP比例从2011年71.5%下降到2015年的66.1%，而同期货币供应量M2是GDP的倍数从1.74倍上升到2.03倍。麦肯锡最近一份针对中国3500家上市公司和美国7000家上市公司的比较研究表明，中国的经济利润80%由金融企业拿走，而美国的经济利润只有20%归金融企业。

这种"脱实入虚"的失衡趋势如果得不到有效控制，资产泡沫会越来越大，最终可能会导致金融危机，经济步入"中等收入陷阱"而停滞不前。问题的关键在于以制造业为主体的实体经济的转型升级，或者说是实体经济供给质量的提升。没有实体经济供给质量的提升，低端的产品供给过剩，高端产品供给不足，由人口结构变化、城市化进程主导的消费结构转型升级所形成的需求就无法得到满足，在开放经济下，大量的消费力量转向国外，这又进一步导致实体经济萎缩，工业比重下降，制造业外迁，于是无论是制造业还是服务业，效率都难以提升，出现了经济结构服务化趋势明显、但效率反而降低的"逆库兹涅茨化"问题。"中等收入陷阱"问题本质上是一个效率问题，制造业和服务业形不成一个互相促进转型升级、进而提高效率的良性机制，最终进入"中等收入陷阱"。这个逻辑关系表明，提高实体经济供给体系质量，是决定我国经济能否跨越"中等收入陷阱"

的关键，必须从这个高度认识提高实体经济质量的重大意义。

三　提高实体经济供给质量要着力深化
　工业化进程

第一，从产品层面完善供给体系质量，重塑"工匠精神"，扎实提高产品质量。

在传统意义上，"工匠精神"一般用于描述传统手工艺匠人所传承的慢工细活、钻研技艺、认真专注、一丝不苟、精益求精的工作态度和职业精神。随着第一次和第二次产业革命的演进，传统手工艺匠人逐步被现代产业工人所取代，大规模以流水生产成为主导的技术经济范式，"慢工细活"的这种传统手工匠人理念与追求高效率和规模经济的现代化大生产显得有些格格不入了。现代意义的"工匠精神"，更多地扬弃传统手工业工匠的"慢工细活"的具体操作性内涵，主要抽象为现代产业工人对工作所秉持的认真专注、精益求精的敬业精神。

近些年来，在追求跨越式赶超经济发展背景下，中国发展成为一个制造业大国的同时，传承和发扬"工匠精神"的环境建设和制度基础逐渐被忽视，在一定程度上导致了制造业大而不强的格局。一方面，从制造业自身发展看，在低成本赶超型战略驱动下，中国一直以来重视生产规模而忽视产品质量，对能够保障产品高质量的生产制造动态能力关注和培育不够。同时，许多制造企业错误地信奉所谓的"微笑曲线"，对营销技巧的重视远远高于对制造环节生产工艺改善和质量提升的重视，制造环节的价值被大大低估，没有动态地认识到同一种产品因质量差异其"微笑曲线"会完全不同，而高质量产品的"微笑曲线"可能会变成为"沉默曲线"或者"悲伤曲线"，制造环节的精益求精的"工匠精神"所带来的高附加值没有被认识到；另一方面，从制造业发展环境看，随着中国工业化进程进入中后期，在产业结构对标赶超战略指导下，急于提高服务业比例，中国经济呈现出过早"去工业化"迹象，政策、资金、人才等各种资源"脱实向虚"问题日趋严重。例如，在大学生的择业观念中，金融业是多数人的职业首选。即使进入制造业，多数人也要先选择一般行政管理和营销工作，做技术工人成为不得已的选择。制造业转型升级以及制造业对创新型国家建设的意义没有得到应有的重视，相应制造业中技术工人群体社会地位近年来也一直没有得到应有提升，"皮之不存毛将焉附"，这种环境下源自制造业的"工匠精神"逐步缺失也就难以避免。

当前中国已经成为一个制造大国，但还不是一个制造强国。当前中国亟待抓住新一轮科技和产业革命机遇、推进制造业发展战略从数量扩张向质量提升转型，而精益求精的"工匠精神"正是高质量"中国制造"文化基础。在精益求精的精神驱动下,现代产业工人会锲而不舍追求技能的提升,从而促进工艺创新、产品创新和质量完善。而且,新一轮科技和产业革命更加强调满足个性化、高品质消费,这更加需要弘扬"工匠精神"。因此,倡导和重塑"工匠精神"对于推进中国制造业由大向强转变具有重要意义。

当今世界的制造强国,无一不是高度重视"工匠精神"的。德国和日本的制造强国地位和其产业工人"工匠精神"密不可分的,即使是美国这样的国家,其创新源泉也根植于认真专注、精益求精的"工匠精神","工匠精神"也被认为是"缔造伟大传奇的重要力量"。在当前制造强国建设的背景下,提倡现代产业工人要具有"工匠精神",还隐含着另外一层重要内涵——呼吁赋予现代产业工人具有更高的社会地位和价值。具有"工匠精神"的产业工人不再是现代大生产系统的一个"螺丝钉",而是在整个制造过程中具有主导力量的"工匠",是具有"匠心"的"工业艺术品大师",现代产业工人是一项值得自豪和崇尚的职业。

第二,从企业层面完善供给体系质量,处置"僵尸企业"、降低实体企业成本和深化国有企业改革,完善企业创新发展环境,不断提高实体企业的素质和竞争力。

一是处置"僵尸企业"。"僵尸企业"是不具有自生能力,主要依靠政府补贴、银行贷款、资本市场融资或借债不断"输血"而勉强维持运营的企业。中国现阶段的"僵尸企业"大多分布在产能过剩的行业，这既包括处于钢铁、水泥、电解铝等产能绝对过剩行业，也包括存在于光伏、风电等产能相对过剩行业。从所有制结构看，"僵尸企业"大多属于社会包袱重、人员下岗分流难度大、容易获得银行贷款国有企业。"僵尸企业"存在主要是因为中国市场机制不完善、政府过度保护、产业政策选择性过强，使得市场无法快速出清而造成的。这些企业占用大量经济资源却不产生经济效益，极大降低资源使用效率，恶化市场竞争秩序，严重影响经济发展活力，加剧了金融风险，成为中国经济健康发展的关键掣肘。因此，加快处置"僵尸企业"、推进"僵尸企业"重组整合或退出市场，成为中国工业供给侧结构性改革的一项主要内容和近期经济政策的重要着力点。当前，处置"僵尸企业"，政府应在全面评估"僵尸企业"经营困难程度、成因和未来发展潜力的基础上，抓住重点、分类化解、精准施策，协调推进，强调通过市场竞争机制决定"僵尸企业"的破产、重组还是存续以及存续企业转型、改革的方向。

二是降低实体企业成本。实体经济是一国经济之本。当前，中国经济步入工业化后期并呈现出明显经济服务化趋势，2013 年中国服务业占比超越工业成为第一大产业，2015 年第三产业占比超过 50%，经济"去实体化"的内在结构演进风险在不断加大。再加之中国实体企业面临着发达国家的高端挤压和新兴经济体低端挤出的国际环境，实体企业面临着巨大的下行压力。保证实体经济这一根基稳步发展，成为"十三五"时期颇具挑战性的重大任务。因此，政府一方面要进一步简政放权，降低制度性交易成本，另一方面要围绕降低实体企业人工成本、税费负担、财务成本、能源成本、物流成本等各个方面进行一系列的改革，出台切实有效的政策措施，营造有利环境，鼓励和引导企业创新行为。

三是深化国有企业改革。2016 年一定要能够在垄断行业国有企业混合所有制改革、建立以"管资本"为主的国有资产管理体制、国有经济战略性布局调整和完善现代企业治理结构等方面迈出实质性的步伐，为整个"十三五"时期的国有企业改革奠定一个良好的基础，确保到 2020 年在国有企业改革重要领域和关键环节取得决定性成果。深化国有企业改革的意义不仅仅在于国有企业自身的发展，还在于营造一个良好的公平竞争的市场化环境。

第三，从产业层面提高实体经济体系供给质量，化解产能过剩和积极推进《中国制造 2025》战略，实现产业转型升级。

一方面，对于步入工业化后期的中国工业，化解在工业化中期所积累庞大的工业产能，无疑是"十三五"时期的一些重大任务。到 2016 年 2 月，中国工业品生产者价格指数 PPI

已经连续 48 个月的负增长，在很大程度上说明此轮工业产能过剩化解任务的艰巨性。"十三五"时期如何综合运用市场机制、经济手段、法治办法和必要的行政手段，对过剩产能实现市场出清，是工业供给侧结构性改革任务的重中之重。当前，尤其是要做好对于钢铁、煤炭、电解铝、建材等行业过剩产能退出工作。另一方面，要积极实施《中国制造 2025》，推进"互联 + 中国制造"，加快培育工业增长新动能。2015年提出的《中国制造 2025》，其意义不仅仅在于中国制造业有了到 2050 年的发展蓝图，更在于描绘了中国未来整体经济增长"新发动机"，这是中国经济在发展方向和战略布局一个重大突破。

无论是化解过剩产能，还是积极推进《中国制造 2025》与"互联网 +"战略，都要注意把握使用财政货币政策和产业政策的"力度"和"协同度"。一是要坚决避免以加快推进《中国制造 2025》为借口，进一步强化实施选择性产业政策，从而影响良好技术创新生态的建设，最终背离了《中国制造 2025》的初衷；二是要注意政府政策的协同性，尤其是警惕政府在房地产"去库存"过程中，因税收政策调整而刺激房价提升，进一步恶化制造业企业创新发展生态；三是注意产业政策与竞争政策的协同，推进产业政策从政府选择、特惠措施为主的选择性产业政策取向，转向普惠性、促进公平竞争和科技进步的功能性产业政策取向，从而促进竞争政策基础地位的逐步实现。

当以"稳增长"为目的的选择性产业政策与以"调结构"为目标的竞争政策发生抵触时,一定要在决策价值观上倾斜竞争政策。

（原文载于《光明日报》2017 年 2 月 7 日 11 版）

制造强国建设要避免落入强选择性产业政策窠臼

　　制造强国建设已经成为中国重大国策，无论是在"十三五"规划内容中，还是在供给侧结构改革战略部署里，制造强国建设都占据重要地位。2015 年 5 月中国推出的《中国制造2025》，提出了制造强国建设的目标、阶段、行动纲领和实现路线图。《中国制造2025》的意义不仅仅在于中国有了自己的制造强国建设规划，更在于描绘了中国未来整体经济增长"新发动机"的设计蓝图，而且在当前经济下行压力大、经济增长动力亟待转型的背景下还具有重要的提振信心作用。虽然推出《中国制造2025》已具有重大意义，但未来以一种什么样的方式和机制实施《中国制造2025》、推进制造强国建设则更为关键。《中国制造2025》作为一项重大产业政策，其推进方式和机制的本质是一个产业政策实施的问题。在中国日益成熟的社会主义市场经济体制下，实施产业政策推进制造强国建设，必须正确处理产业政策和竞争政策的关系,在促进竞争政策基础地位实现同时,切实把握好产业政策实施力度,既要发挥好产业政策的扶持、引导和推动作用,又要避免落入政府大包大揽、急功近利的强选择性产业政策窠臼。

一般而言,产业政策是政府为解决产业结构失衡、低层次过度竞争等经济发展中的问题,实现产业转型升级和优化发展,促进经济发展而制定和实施的相关政策措施;竞争政策,则是政府通过政策限制对市场势力的滥用以及限制竞争、阻碍竞争的企业行为,从而为所有市场参与者在市场进入、退出及交易等各环节上创造一个自由、公平的环境,实现资源有效配置,促进经济发展。虽然从理论上看,产业政策与竞争政策设计的理论基础都是政府为了弥补市场失灵、促进有效竞争、推动经济发展而实施的公共政策,但是二者在作用对象和作用机制方面有着显著的区别甚至存在着冲突。产业政策,强调规模经济,防止过度竞争,政府倾向于选择自己认为需要发展的产业或者企业给予更多资源配置,多应用于一个经济体工业化进程中的经济赶超阶段或者发达经济体振兴某些产业,但在许多情况下会扭曲价格机制;而竞争政策是通过阻止垄断和不正当竞争来保护正常的市场价格机制,进而通过市场价格机制实现资源配置,更多的是一个经济体走向成熟市场经济体制的选择。政府为了协调产业政策和竞争政策的冲突,一方面,会基于不同发展阶段而对两类政策各有所侧重,另一方面,会明确市场经济下竞争政策的优先地位，保护市场价格机制配置资源的基础作用，同时竞争政策设计要有足够的兼容性，包容产业政策合理诉求。对于中国而言，2015 年 10 月 12 日发布的《中共中央国务院关于推进价格机制改革的若干意见》中，也明确提出加强市场价格监管和反垄断执法，逐步确立竞争政策的基础性地位，以及加快建立竞争政策与产业、投资等政策的协调机制。

对于产业政策而言，如果按照政府作用强度和方式，可以把产业政策分为功能性产业政策和选择性产业政策，前者重点是政府通过人力资源培训、研发补贴、市场服务等形式完善整体产业发展基础功能进而提高产业竞争力，功能性产业政策一般不针对具体产业；而后者重点是政府通过补贴、税收、法规等形式直接支持、扶持、保护或者限制某些产业的发展，以加快产业结构转型升级、实现经济赶超。作为后发赶超的社会主义大国，一直以来，中国总体上偏重于使用选择性产业政策，往往倾向于扶持大企业、鼓励企业兼并提高集中度、抑制产能过剩和防止过度竞争、补贴战略性新兴产业和激励技术创新等，具有覆盖面过广、直接干预市场、选择性强等特征。从实施效果看，总体上对中国快速推进工业化进程、实现经济赶超发挥重要作用，但是也存在干预市场和影响市场机制形成的问题，甚至经常产生产业政策实施结果与初衷相反的"事与愿违"的情况。如果说，在工业化初中期阶段，处于后发国家赶超的需要，选择性产业政策的确发挥了重要的作用，尤其是扶大限小对促进重化工主导产业的发展作用明显。但是，在进入工业化后期以后，中国进入从要素驱动向创新驱动的经济"新常态"，经济增速从高速转为中高速，模仿型排浪式消费阶段基本结束，低成本比较优势不可持续，市场竞争从低成本转向差异化，通过引进、模仿及学习得到的后发优势将逐渐耗尽，要素规模驱动力减弱，经济增长将更多依靠人力资本质量和技术进步。这种背景下，选择性产业政策的不适应越来越突出，以激励完善市场竞争秩序、激励创新为基本导向的功能性产业政策的意义更为显著，因此，加速推进选择性产业政策向功能性产业政策的转型就更为必要。而且从产业政策与竞争政策的关系看，推进产业政策从选择性向功能性转型，对于中国逐步确立竞争政策的基础性地位具有重要意义。

具体到推进制造强国建设上，落实《中国制造2025》政策一定要坚持功能性产业政策主导。《中国制造2025》针对中国产业共性关键技术和前沿技术缺乏、技术转移扩散和商业化应用不够提出"制造业创新中心建设工程"，针对中国在核心基础零部件、关键基础材料、先进基础工艺和产业共性基础技术的存在巨大差距提出了"工业强基工程"，针对适应绿色制造、高端制造和智能制造的未来发展趋势提出了"绿色制造工程""智能制造工程"和"高端制造工程"，并明确了中国制造业发展的十大重点领域，这些工程项目的本质是为了解决表现为关键核心技术受制于人、高端产业发展不足的中国制造业大而不强的问题，而制造业大而不强问题的根源是在于创新能力不强，因此落实《中国制造2025》的关键在于培育和提升制造业的创新能力，实现从"跟随创新"向"领先创新"的转变。也就是说，制造强国建设核心是技术创新能力的提升，相比具体产业而言，创新能力是动态的、可持续的和根本的。相对于选择性产业政策更注重于有针对性地补贴具体的产业而言，功能性产业政策更强调建设产业发展的广义基础设施建设（包括物质性基础设施、社会性基础设施和制度性基础设施），推动和促进技术创新和人力资本投资，维护公平竞争，降低社会交易成本，创造有效率的市场环境，从而完善技术创新生态系统，进而提升整个产业和国家的创新能力。因此，功能性产业政策更符合《中国制造2025》的目标。

功能性产业政策要求政府推动制造强国建设过程中，避免急功近利将工作重心放在大力扶持发展某些具体产业上，而应有长期战略视野，把工作重点放在完善培育制造业创新生态系统和基础性创新环境建设上。具体而言，推进制造强国建设的功能性产业政策重点，一是应该放在促进人力资源培育，发展多种形式的应用型职业教育；二是实行普惠政策，广泛减轻企业负担，特别注重改善小微企业经营环境；三是激励创新行为，促进产学研结合，加强对企业知识产权的法律保护；四是针对切实的前沿技术、新兴技术和中小企业的创新领域，而非市场本身能够较好解决的成熟技术或者具体产业，可以采用补贴、税收优惠、贴息等形式的扶持性政策。其扶持政策目标并不人为主观地区分为研发和产业化两个环节，而应该统筹解决新兴技术和前沿技术的研发、工程化和商业化问题，以促进研发、技术标准和市场培育的协同推进。政府部门要对被补贴方采用严格的资金使用和项目过程评估，从而确保资金的使用效率和透明度。政府扶持资金规模不应过大，主要发挥对企业或社会资金投入的"带动"作用。

（原文载于《光明日报》2016 年 5 月 11 日 15 版）

以产业政策转型促进竞争政策
基础地位确立

2015 年 10 月 12 日《中共中央国务院关于推进价格机制改革的若干意见》发布，提出到 2017 年竞争性领域和环节价格基本放开，到 2020 年，市场决定价格机制基本完善，科学、规范、透明的价格监管制度和反垄断执法体系基本建立。由于价格机制是市场机制的核心，市场决定价格是市场在资源配置中起决定性作用的关键，《意见》发布是新时期全面深化改革关键的一步。《意见》明确指出，加强市场价格监管和反垄断执法，逐步确立竞争政策的基础性地位，以及加快建立竞争政策与产业、投资等政策的协调机制。这意味着，长期以来中国一直实施的政府选择、特惠措施为主的产业政策取向，在新时期要转向普惠性、促进公平竞争和科技进步的产业政策取向，从而促进竞争政策基础地位的逐步实现。

一般而言，产业政策是政府为解决产业结构失衡和层次低等经济发展中的问题，实现产业转型升级和优化发展，促进经济发展而制定和实施的相关政策措施，是一种相对长期的、供给侧管理的经济政策。作为后发赶超的社会主义大国，一直以来，中国总体上偏重于使用产业政策，从表现形式上看，产业政策体现为政策、法令、条例、措施、规划、计划、纲要、指南、目录指导、管理办法和通知等多元化形式，甚至政府工作报告、部门决议、会议纪要、领导批示等也会发挥实质性的影响；从内容上看，中国产业政策往往倾向于扶持大企业、鼓励企业兼并提高集中度、抑制产能过剩和防止过度竞争、补贴战略性新兴产业和激励技术创新等；从实施效果看，总体上对中国快速推进工业化进程、实现经济赶超发挥重要作用，但是也存在干预市场和影响市场机制形成的问题，甚至经常产生产业政策实施结果与初衷相反的"事与愿违"的情况。

总体而言，中国产业具有覆盖面过广、直接干预市场、选择性明显等特征（项安波、张文魁，2013）。如果按照政府作用强度和方式可以把产业政策分为功能性产业政策和选择性产业政策，前者重点是政府通过人力资源培训、研发补贴、市场服务等形式完善整体产业发展基础功能进而提高产业竞争力，功能性产业政策一般不针对具体产业；而后者重点是政府通过补贴、税收、法规等形式直接支持、扶持、保护或者限制某些产业的发展，以加快产业结构转型升级、实现经济赶超。那么，一直以来中国的产业政策总体上还是选择性产业政策主导的。

中国一直以来实施选择性产业政策主导，是与中国的工业化发展阶段和工业化战略有关的。作为后发赶超国家，中国一直期望通过选择性产业政策促进产业结构转型升级，从而加速推进工业化进程。改革开放以来，中国的工业化进程是一个长期、快速推进的工业化，世界上还很少有国家能够长期保持如此高的工业化速度。国际经验表明，在长期的工业化进程中，会出现相当长的一段时间的经济高速增长，这段时间一般持续20多年。第二次世界大战后，经济增长率超过7%、持续增长25年以上的经济体包括博茨瓦纳、巴西、中国、中国香港、印度尼西亚、日本、韩国、马来西亚、马耳他、阿曼、新加坡、中国台湾和泰国13个（张晓晶，2012）。其中，日本在1951—1971年平均经济增速为9.2%，中国台湾地区1975—1995年的平均经济增速为8.3%，韩国在1977—1997年平均经济增速为7.6%（林毅夫，2012），而中国1978—2010年平均经济增长率高达9.89%，连续30多年经济平均增速接近两位数。

从我们计算的工业化水平综合指数来看，1995年，中国工业化水平综合指数仅为12，表明中国处于工业化初期的前半阶段；经过"九五"时期，到2000年中国工业化水平综合指数提高到18，表明中国进入工业化初期的后半阶段。经过"十五"时期，到2005年，工业化水平综合指数提高到41，中国工业化水平处于工业化中期的前半阶段。经过"十一五"时期，到 2010 年，中国的工业化水平综合指数为 66，表明中国工业化水平处于即将走完工业化中期的后半阶段。经过"十五""十一五"短短的十年，中国就快速地走完了工业化中期阶段。进入"十二五"后，中国工业化进程步入了工业化后期，这对于中国的工业化进程将是一个重要的里程碑（黄群慧，2014）。中国的快速工业化进程，在很大程度上可以归于选择性产业政策实施的效果。

但是，选择性产业政策大力实施，也产生了一系列不良的后果。选择性产业政策产生的问题包括：带来较为严重寻租和腐败行为，降低整体经济体系的活力；在汽车、钢铁、石化等重要行业实施严格的投资审批、核准政策及市场准入政策，具有限制竞争、扶大限小的特征，对行业效率的提升产生了显著的负面影响；目录指导成为政策部门以自身的判断和选择来代替市场机制的工具，导致不良政策效果；片面强调市场集中度、企业规模，导致大量低效率重组行为；发展战略性新兴产业政策实施中，过于注重补贴生产企业，导致部分新兴产业过度投资，并频繁遭遇国外反补贴调查和制裁（江飞涛，2015）。最为根本的是，选择性产业政策扭曲了市场配置资源的机制。如果说，在工业化初中期阶段，处于后发国家赶超的需要，选择性产业政策的确发挥了重要的作用，尤其是扶大限小对促进重化工主导产业的发展作用明显。但是，在进入工业化后期以后，中国进入从要素驱动向创新驱动的经济"新常态"，经济增速从高速转为中高速，模仿型排浪式消费阶段基本结束，低成本比较优势不可持续，市场竞争从低成本转向差异化，通过引进、模仿及学习得到的后发优势将逐渐耗尽，要素规模驱动力减弱，经济增长将更多依靠人力资本质量和技术进步。这种背景下，选择性产业政策的不适应越来越突出，以激励完善市场竞争秩序、激励创新为基本导向的功能性产业政策的意义更为显著，因此，加速推进选择性产业政策向功能性产业政策的转型就更为必要。

更为关键的是，从产业政策与竞争政策的关系看，推进产业政策从选择性向功能性转型，对于中国逐步确立竞争政策的基础性地位具有重要意义。虽然从理论上看，产业政策与竞争政策设计的理论基础都在于政府为了弥补市场失灵、实现市场的有效竞争、促进经济发展而推出的公共政策，但是二者在作用对象和作用机制方面有着显著的区别甚至存在着冲突。产业政策，强调规模经济，防止过度竞争，政府倾向于选择自己认为需要发展的产业或者企业给予更多资源配置，在许多情况下会扭曲价格机制；而竞争政策，强调保护市场竞争机制，限制的是对市场势力的滥用以及限制竞争、阻碍竞争的企业行为，旨在为所有市场参与者在市场进入、退出及交易等各环节上创造一个自由、公平的环境，通过市场价格机制实现资源有效配置（于良春、张伟，2014）。二者的根本冲突在于产业政策可能会因政府选择某些产业或者企业给予资源倾斜（如补贴）而扭曲产品的相对价格，从而破坏正常的市场价格机制，而竞争政策要通过阻止垄断和不正当竞争来保护正常的市场价格机制，进而通过市场价格机制实现资源配置。为了协调产业政策和竞争政策的冲突，首要的是明确市场经济下竞争政策的优先地位，保护市场价格机制配置资源的基础作用，同时竞争政策设计要有足够的兼容性，包容产业政策合理诉求。这意味着竞争政策的基础性地位要求产业政策尽量避免对正常的市场价格机制干预和破坏，相对于功能性产业政策而言，选择性产业政策对市场价格机制的干预破坏的机会和程度都要大得多，因此，推进中国产业政策从选择性主导向功能性主导，无疑有利于我国逐步确立竞争政策的基础地位。

为了逐步确立竞争政策的基础性地位，中国在"十三五"时期应当大力推进产业政策的转型。这要求全面清理已有的选择性产业政策，清理过程中可遵循一个严格的分析筛选的逻辑程序。第一步，分析特定领域的市场机制是否能充分发挥作用，如果市场机制能充分发挥作用，则取消相关产业政策。如果市场机制运转不畅，则应该分析造成市场机制不能有效发挥作用的原因；第二步，如果是因为现有体制和不适当的政府干预阻碍了市场机制的有效作用，那么就要制定改革政策消除不适当的政府干预，取消相关产业政策。如果不是体制问题或政府不当干预的问题，则考虑通过市场主体的自主协调能否解决这一问题；第三步，如果自主协调能够解决问题，则鼓励自主协调解决，取消已有的政策干预。如果市场主体的自主协调行为不能解决问题，政策部门则需要考虑构建市场主体的协调机制以促进市场主体选择合适的行动；第四步，如果市场主体协调机制难以解决问题，政策部门则可以考虑构建相应机制，以补充和完善民间部门的自发协调机制，待机制完善后再取消相应的产业政策。在清理已有的选择性产业政策的基础上，"十三五"时期的产业政策的重点应该放在促进人力资源培育，发展多种形式的应用型职业教育；实行普惠政策，广泛减轻企业负担，特别注重改善小微企业经营环境；改善政府行为，减少非必要的政府投资，优化企业特别是国有企业通过市场实现要素优化配置和进入退出的机制；激励创新行为，促进产学研结合，加强对企业知识产权的法律保护；强化资源环境保护，运用政策杠杆抑制化石能源消费和污染排放，促进新能源替代（王小鲁，2015）。

最后，需要说明的是，推进产业政策转型，并不意味着扶持性政策完全取消。从美、日、德、韩等发达工业国家的实践看，无论是其工业化中后期还是当前，以补贴、税收优惠、贴息为主的扶持性政策始终是其产业政策的内容，而且从这些政策的实际效果看，这些政策工具对于其控制产业制高点、促进新兴产业和主导产业发展确实起到了重要的"催化"作用。但是，与现在中国普遍采用的扶持性政策相比，美、日、德、韩等国家的扶持性产业政策又具有显著的差异和特点：从扶持对象看，一方面，这些国家的扶持领域主要是针对切实的前沿技术和新兴产业，而非市场本身能够较好解决的成熟技术和产业；另一方面，扶持对象并不人为主观地区分为研发和产业化两个环节，而是统筹解决新兴技术和前沿技术的研发、工程化和商业化问题，有利于研发、技术标准和市场培育的协同推进；从扶持方式看，这些国家更多采用事前补贴、而不是事后奖励的方式，从而真正帮助被补贴企业降低创新风险。

政府部门对被补贴企业通常都采用严格的资金使用和项目过程评估，从而确保资金的使用效率；从扶持资金的规模看，除了日本的半导体和韩国的 ICT 产业扶持规模巨大外，绝大多数的补贴规模实际上并不大，政府的补贴资金在实际使用中更加关注对企业或公共研发机构的配套资金投入的"带动"作用。也就是说，补贴、税收优惠等扶持性政策在前沿技术和小企业技术创新领域始终被广泛使用，是产业基金等产业政策工具的有效补充，只是发达工业国家更加关注补贴资金的使用效率和透明度，从而最大限度地提高了公共资金对于提升创新能力和产业竞争力的效果。因此，"十三五"时期，中国应借鉴这些经验，进一步完善扶持性产业政策工具体系，关注前沿技术和小企业技术创新领域，提高补贴资金的使用效率和透明度（黄群慧、贺俊，2015）。

（原文载于《中国价格监督与反垄断》2016 年专刊）

东北三省产业结构调整需精准施策

当前东北老工业基地存在的问题，总体上可归结为相互关联的两个方面：一是产业结构问题——三次产业中工业比例过大，"一柱擎天"；工业内部资金密集或资源密集的重化工业比重过高，高新技术产业比重过低。二是体制机制问题——体制机制不顺、行政效率较低、思想观念落后，政府直接配置资源比重和国有经济比重过高，政府职能越位、缺位、错位问题突出，创业创新环境不完善，中小企业培育发展不够等。这两方面原因影响了东北地区内在发展动力的形成，严重制约了东北地区全面振兴。

《中共中央国务院关于全面振兴东北地区等老工业基地的若干意见》针对这些问题，提出了着力推进结构调整、着力完善体制机制和着力鼓励创新创业等方面的指导意见、政策导向和项目指南。东北三省应贯彻落实《意见》，认真分析本省在产业结构、体制机制方面存在的具体短板，因地制宜，精准施策。从 2016 年上半年的经济运行看，东北三省经济呈现明显的分化态势。其中，吉林省工业增加值稳步提升，已经与全国同步；辽宁省工业大幅负增长态势尚未扭转，且波动较大；黑龙江省工业呈现上升态势，但仍处于低速运行状态。因此，东北三省推进产业结构调整尤其应分省精准施策，否则会因省情差异较大而使政策效果大打折扣。

对于辽宁省而言，推进产业结构调整的关键应是防范制造业快速衰退风险，在装备制造业转型升级上求得突破。"十二五"期间，辽宁省工业增加值增速逐年下滑，2011—2014 年分别为 14.9%、9.9%、9.6% 和 4.8%，2015 年更是下滑到 -4.8%。受工业快速下滑影响，2015 年第二产业增加值占地区生产总值的比重下降了 3 个百分点，服务业占比上升了 3.3 个百分点。辽宁省是老工业基地，当前正处于工业化中期后半阶段，服务业占比快速提升虽然在一定程度体现了经济结构高级化的趋势，但工业占比下降隐含着作为创新和可持续发源泉的制造业"空心化"风险。实际上，因高效率的工业占比下降、低效率的服务业占比上升而产生的结构性减速，正是导致辽宁经济增速大幅下降的一个重要原因。进一步从工业内部结构看，一直以来，装备制造业是辽宁省工业的支柱，也是其经济持续稳定发展的驱动器。但整个"十二五"期间，装备制造业工业增加值增速并不理想，存在的问题突出表现为高端装备制造业比重过低，产业布局比较分散，龙头企业数量不足，产业附加值低，自主创新能力不强，核心关键技术受制于人。因此，振兴辽宁经济的关键是抓住新一轮科技革命和产业变革机遇，以智能制造为引领，通过深入推进供给侧结构性改革培育内生动力，通过对外开放加强与世界创新型企业合作，进而强化外部动力，尽快实现装备制造业转型升级，加快整个制造业发展。

对于黑龙江省而言，推进产业结构调整的着力点应是努力破除"资源诅咒"，进一步推进工业化进程。从三次产业比例看，2015 年黑龙江省第一、第二、第三产业占比分别为 17.5%、31.8%、50.7%。从近 5 年趋势看，农业占地区生产总值的比重不降反升，呈现一定程度上的逆工业化趋势。因此，黑龙江省的关键问题不是工业"一柱擎天"，而是工业化进程深化不够。在工业内部，黑龙江省严重依赖资源产业，能源业占全省工业比重高达73%，2015 年工业大行业中能源业是唯一负增长的行业，下降了 3.8%，负向拉动经济增长 2.2 个百分点。因此，黑龙江省应加快推进工业化进程，不断提升工业在三次产业中的比重。同时，要不断优化工业和农业内部结构，促进结构优化升级。着力摆脱依赖能源业的现状，努力破除"资源诅咒"，优化工业结构，加快发展资源精深加工业。推广"互联网＋农业"，重点发展绿色生态农业，打造国家新型原材料基地和现代农业生产基地。

对于吉林省而言，推进产业结构调整的重点应是改变经济结构双重"一柱擎天"问题，加快建设现代产业体系。2015年吉林省第一、第二、第三产业占比分别为 11.2%、51.4%、37.4%，近 5 年第二产业增加值占地区生产总值的比重均高于 50%。因此，东北三省中吉林省工业"一柱擎天"问题最为突出。在工业内部，汽车制造业是优势产业，存在工业内部行业结构"一柱擎天"问题。这使得吉林省的经济增长在很大程度上要看汽车制造业的"脸色"。面对双重"一柱擎天"的结构，吉林省必须大力构建现代产业体系。一方面，加快第三产业尤其是生产性服务业发展；另一方面，加快推进工业转型升级，提高工业竞争力，既要全面提升汽车制造业自主创新能力，打造具有国际竞争力的世界级汽车产业基地，又要培育新的支柱产业。同时，向产业链上下游延伸，把支柱产业变成主导产业、单一产业变成产业群和产业链变成产业板块，从而改变双重"一柱擎天"的结构。

（原文载于《人民日报》2016 年 10 月 9 日 5 版）

"工匠精神"的缺失与重塑

　　在制造强国建设的大背景下，"工匠精神"这个已被失落多年的用语日益成为政府、学界和媒体讨论的热点。在传统意义上，"工匠精神"一般用于描述传统手工艺匠人所传承的慢工细活、钻研技艺、认真专注、一丝不苟、精益求精的工作态度和职业精神。随着第一次和第二次产业革命的演进，传统手工艺匠人逐步被现代产业工人所取代，大规模流水生产成为主导的技术经济范式，"慢工细活"的这种工匠理念与追求高效率和规模经济的现代化大生产显得有些格格不入了。那么，为什么在今天建设制造强国的背景下我们重新倡导"工匠精神"呢？

　　重新倡导"工匠精神"是中国从制造大国向制造强国的需要。现代意义的"工匠精神"，扬弃传统手工业工匠的"慢工细活"的具体操作性内涵，抽象为现代产业工人对工作所秉持的认真专注、精益求精的敬业精神。在当前中国已经成为工业大国但还不是工业强国的基本国情的背景下，中国制造业发展战略亟待从数量扩张向质量提升转型，而精益求精的"工匠精神"正是高质量"中国制造"文化基础。在精益求精的精神驱动下，现代产业工人会锲而不舍地追求技能的提升，从而促进工艺创新、产品创新和质量完善。当今世界的制造强国，无一不是高度重视"工匠精神"的。德国和日本的制造强国地位和其产业工人"工匠精神"密不可分的，即使是美国这样的国家，其创新源泉也根植于认真专注、精益求精的"工匠精神"，"工匠精神"也被认为是"缔造伟大传奇的重要力量"。

"工匠精神"一般是指产业工人的敬业精神，但现在可以引申到泛指各行各业的精益求精的敬业精神。而且，在当前制造强国建设的背景下，提倡现代产业工人要具有"工匠精神"，不能忽视的是其另外一层重要含义，那就是赋予现代产业工人具有更高的社会地位和价值。具有"工匠精神"的产业工人不再是现代大生产系统的一个"螺丝钉"，而是在整个制造过程中具有主导力量的"工匠"，是具有"匠心"的工业"艺术品"的"大师"，是一项值得自豪和崇尚的职业。

从古代的鲁班和庖丁，到新中国成立后的"八级工"，中国一直就不缺少对"工匠精神"的推崇。1956年制定、后经过修订的企业八级技术等级制度，得到当时企业工人和全社会的普遍认可，"八级工"成为工人终生奋斗的职业生涯目标。歇后语"八级工拜师——精益求精"从一个侧面反映了"八级工"制度对"工匠精神"的很好地诠释。

但是，近些年来，出现众多不利于"工匠精神"传承和发扬的社会经济环境因素，传承和发扬"工匠精神"的制度基础也逐渐削弱，现代产业工人的"工匠精神"开始失落。一是从产业角度看，随着中国工业化进程进入中后期，尤其是进入工业化后期，在泛泛地大力发展服务业的战略指导下，中国经济呈现出过早"去工业化"迹象，政策、资金、人才等各种资源"脱实向虚"问题日趋严重，几乎成为一个无法根治的痼疾。制造业地位，尤其是制造业对于创新型国家建设的意义没有得到应有的重视，源自制造业的"工匠精神"也就无从谈起；二是从制造业自身发展看，在低成本赶超型战略驱动下，重视生产规模而忽视产品质量，对能够保障产品高质量的生产制造动态能力关注和培育不够。错误地信奉所谓的"微笑曲线"，制造环节的价值被大大低估，对营销技巧的重视远远高于对制造环节生产工艺改善和质量提升的重视，没有认识到同一种产品因质量差异其"微笑曲线"会完全不同，对于高质量产品的"微笑曲线"可能会变成为"沉默曲线"或者"悲伤曲线"，精益求精的"工匠精神"所带来的高附加值没有被认识到；三是从社会环境看，姑且不论作为现代产业工人的主体之一的农民工，因市民化进程缓慢其社会地位一直未得到明显提升，单从现代产业工人中的技术工人群体看，其社会地位近年来也一直没有得到应有提升，未能成为中产阶级的组成部分。在大学生的择业观念中，金融业是多数人的职业首选，2011—2015 年，金融业正规就业人员增加 100 万人，中国金融业从业人员已经达到 600 万人左右。即使进入制造业，多数人也要先选择一般行政管理和营销工作，做技术工人成为大家不得已的选择。社会学者基于人口普查数据分析表明，在 2000—2010 年的 10 年中，中国社会职业结构中技术工人的占比从 11.2% 下降到 9.8%，下降了 1.4%，而营销群体、办事员从 2.9% 上升到 13.34%，增长了 10.44%。技术工人的社会地位不仅离中产阶级的地位相差甚远，也低于营销人员、办事员群体。在产业工人的社会地位不断下降的环境下，"工匠精神"逐步缺失也就难以避免。

一种精神或者文化的培育，往往都要经历社会文化环境与经济法律制度相互作用的复杂漫长的过程。"工匠精神"的培育，仅靠宣传教育是不够的，直接学习移植日本、德国的"工匠文化"也是难以实现的，需要社会文化环境改造与理性激励制度完善的综合作用。在当前推进制造强国建设的过程中，我们尤其需要强调完善相应的激励制度，通过激励制度体系的建立完善，逐步引导培育产业工人的精益求精的行为习惯，最后形成超越制度的行为准则和价值观念，"工匠精神"才会形成。这要求围绕产业工人的技能提升培训、钻研精神奖励、创新导向激励、职业社会保障等各方面建立完善相应的激励制度体系。当前尤其要解决的是"精英型"的技术工程人才培养问题,通过深化高等教育体制改革填补中国"低端职业教育"不能满足"高端制造"发展要求的空白。

（原文载于《光明日报》2016 年 6 月 29 日 15 版）

"僵尸企业"的成因与处置策略[*]

　　近两年来，在"三期叠加"的背景下，受经济增长放缓、产能过剩问题加剧、市场需求疲软的影响，许多企业的经营状况持续恶化。在市场无法对经营困难企业自动出清的情况下，形成了众多的"僵尸企业"。"僵尸企业"由于占用大量经济资源却不产生经济效益，已经成为中国经济健康发展的关键掣肘，必须尽快加以处置，释放社会的有效生产力。因此，加快处置"僵尸企业"、推进"僵尸企业"重组整合或退出市场，成为中国供给侧结构性改革的一项主要内容和近期经济政策的重要着力点。

市场机制不完善是"僵尸企业"的主要成因

　　"僵尸企业"（zombie company/zombie firm）一词最早出现

＊ 本文与李晓华研究员合作。

于对 20 世纪 90 年代早期日本资产价格崩盘后漫长经济衰退的研究中，意指接受信贷补贴的企业或没有利润的借贷企业。结合已有的学术研究成果和中国的国情，我们认为"僵尸企业"是指不具有自生能力，主要依靠政府补贴、银行贷款、资本市场融资或借债而勉强维持运营的企业。

中国现阶段的"僵尸企业"大多分布在产能过剩行业，既存在于钢铁、水泥、电解铝等产能绝对过剩行业，也存在于光伏、风电等相对产能过剩行业。对于前者，由于行业的需求高峰已经过去，其中的"僵尸企业"很难重生；对于后者，由于市场前景长期看好，如果能熬过寒冬，随着技术成熟、产品完善和市场启动，"僵尸企业"还有重新焕发活力的可能。另外，有相当部分"僵尸企业"是处于衰退产业（如服装产业）中的企业，主要是由于国内产业竞争力下降或已进入产业生命周期的衰退期，产业已不能容纳原有数量的企业，在部分企业通过转型升级而存续下去的同时，其他企业将不得不转型或退出。当然，从所有制结构看，"僵尸企业"大多属于国有企业，这主要是因为国有企业规模大、员工多、在地方经济中占有重要地位，容易获得银行贷款，但同时社会包袱重、人员下岗分流难度大，于是成为"僵尸企业"的主体。

从"僵尸企业"的生存状态看有三类：一是死亡企业，这类企业的生产经营活动已无法抵消可变成本，长期处于停产状态；或者企业已资不抵债或无法支付到期债务，但企业的债权债务尚未得到清理。二是显性"僵尸企业",这类企业尚能经营,但营业收入已不足以支付包括工资、管理费用、原材料费用、贷款利息、税金等在内的全部成本,企业连年亏损,处于高负债率状态。三是隐性"僵尸企业",这类企业表面看似健康,但需要来自外部(主要是政府)的持续救助维持经营,或者仅能偿还债务利息但不能削减债务负担。

"僵尸企业"的成因较为复杂,宏观经济环境、产业所占所处生命周期、企业自身经营管理水平和技术水平都是重要的因素,但从根本上说,当前"僵尸企业"的存在主要是因为中国市场机制不完善、政府过度保护、产业政策选择性过强,使得市场无法快速出清而造成的。

第一,选择性产业政策和地方保护是"僵尸企业"的制度性成因。中国长期以来采用的是选择性产业政策,但是由于信息不对称和创新的不确定性,在事前很难选择出未来市场竞争中胜出的企业和技术路线,选择优胜者的产业政策往往无法取得预期的效果并造成市场扭曲。地方政府出于增加 GDP 和税收的考虑,普遍采取给予土地、税收优惠和放宽环保、能耗、温室气体排放等监管的方式招商引资,不但造成过度投资从而催生大量过剩产能,也使得一些低效率的企业能够依靠补贴或减少成本支出而生存下去。

第二,资本市场发育滞后为上市"僵尸企业"维持生存提供了条件。股票市场具有很强的融资功能,但中国股票发行实行审批制与核准制，退出机制又不健全，"壳资源"稀缺，上市身份本身就具有巨大价值。20多年来，A股真正退市的上市公司只有四十多家。凭借上市身份，许多"僵尸企业"采取增发募集资金、出售名下资产和股权、将政府补贴直接转化为利润等方式避免退市，甚至能够通过资产重组、并购将"壳资源"卖出好价钱。

第三，一些体制机制障碍制约"僵尸企业"按市场规律退出。"僵尸企业"退出的最大阻力是人员和资金问题。一方面，企业破产后会造成大量职工下岗，如果不能给这些下岗职工提供失业后的生活保障、妥善安置他们再就业，可能会影响社会的稳定；另一方面，只要企业能够按期偿还贷款利息，银行就能维持好看的"报表"，企业破产则会导致银行坏账问题暴露。因此，无论是地方政府还是银行，都尽可能对"僵尸企业"提供各种支持，使他们能够维持运营。

全面评估、精准施策是处置"僵尸企业"的当务之急

"僵尸企业"的存在加大了金融风险，严重影响到中国经济的健康发展。一是降低了资源使用效率。"僵尸企业"都是靠"输血"生存，需要汲取各种资源来维持生存却不产生经济效益，如果这些资源被用于健康企业或成长性领域则能够获得

更好的收益。国际金融危机后，尽管中国实施了宽松的货币政策，但仍有一些有市场、有活力的企业遭遇融资难、融资贵问题，重要原因之一就在于信贷资源被低效企业占用。二是恶化市场竞争秩序。一方面，为效率低下的"僵尸企业"提供补贴和低成本信贷，这本身就导致了对其他企业的不公平竞争；另一方面，大量"僵尸企业"的存在加剧了产能过剩，使整个产业陷入低价竞争的泥潭，产业盈利状况恶化，企业无力进行创新投入和转型升级。三是加剧金融风险。"僵尸企业"背负大量债务却又缺乏偿债能力，而且往往涉及"三角债"或担保等关联责任，随着时间的延续，其经济效益不能好转、债务问题不断加剧，金融系统的风险也将随之不断增加。一旦一批"僵尸企业"违约，银行的不良贷款会大幅度增加，可能引发多米诺骨牌效应，造成一系列企业的破产倒闭，放大金融风险。

虽然"僵尸企业"的大量存在会引起上述风险，但并不意味着所有"僵尸企业"都应被淘汰。事实上，一部分"僵尸企业"随着经济形势的好转、企业转型的成功也能够重新焕发活力。20世纪90年代后期到21世纪早期日本"僵尸企业"中的大部分并没有破产或退市，大部分存活下来的"僵尸企业"的绩效在近年还有了显著提高。因此，"僵尸企业"情况千差万别，不能采取"一刀切"的处置办法，而应抓住重点、分类化解、精准施策，协调推进。

全面评估。对资产负债率高企、无法准时偿还银行到期利息、纳税额明显减少、用电量明显降低、拖欠职工工资等特征的企业进行重点排查，委托专业机构对其资产负债状况和发展潜力进行评估，并根据经营状况、困难成因、发展潜力等进行分类，对于无法继续生存的企业，提出退出市场方案，对于仍有发展潜力的企业，编制有助于企业成长的发展规划。这个过程中，尤其要注意促进银行利用大数据等技术手段对贷款客户进行准确评估，加强政府与金融机构合作，全面分析"僵尸企业"的现状。

精准处置。根据"僵尸企业"的不同情况，清理退出一批、兼并重组一批、改造提升一批。对不符合国家能耗、环保、安全、质量标准的落后产能企业，绝对产能过剩产业和衰退产业中长期亏损和停产的企业要加快清理退出，并对土地进行腾退，给优势产业和企业的发展腾出空间。对因管理水平落后、暂时性产能过剩而出现亏损，但企业技术装备水平较高、产业发展前景长期看好的企业，重在兼并重组，一方面通过帮助企业降低债务负担、提升管理水平，推动其走上良性发展轨道；另一方面加快兼并重组，盘活存量资产，避免优势企业扩张时重建新项目造成产能进一步扩张。由于中国企业在整体上与发达国家在装备、技术、产品质量等方面存在较大差距，因此不退出的"僵尸企业"都要进行改造提升，一方面政府在技术改造投资、产业基础研究和共性技术研究方面给予一定支持，更重要的是企业要主动加强技术、产品、商业模式等方面的创新，开发出市场有需求、有竞争力的新产品，提供有效供给。

协调推进。处置"僵尸企业"是一项非常复杂的社会经济系统工程，必须全面协调推进。一是从组织上要有专门机构负责总体的协调职能；二是推进金融体系改革与处置"僵尸企业"相结合，重视借助政策性融资和资本市场灵活利用金融工具，充分发挥金融在处置困难企业中的服务作用，增强金融体系对实体经济的服务能力；三是社会政策与"僵尸企业"破产政策相协调，建议中央和地方共同出资建立企业退出基金，对下岗职工进行补偿、安置，加强转岗、创业培训和支持，完善下岗职工的社会保障。

深化供给侧结构性改革是"僵尸企业"的治本之策

处置"僵尸企业"，一方面应减少政府行政干预，主要由市场机制决定其破产、重组还是存续，以及存续企业转型、改革的方向；但另一方面，也要发挥政府的积极作用，政府作用的发力点在于深化供给侧结构性改革，完善市场竞争环境，通过市场竞争机制来淘汰"僵尸企业"。

健全法律制度。使"僵尸企业"的破产、兼并、重组有法可依，也让企业形成稳定预期，打消侥幸心理。

转变产业政策。纠正不恰当的财政补贴等市场扭曲行为，实现从选择性产业政策向对所有企业一视同仁的功能性产业政策转变，重在完善市场机制和企业发展的软硬件环境。

完善金融体系。一方面，不断创新金融工具，通过市场化的多种融资手段支持"僵尸企业"在市场出清。另一方面，稳步推进上市公司注册制改革，改变"僵尸企业"凭借上市身份获得补贴、贷款维持生存的局面，扩大优质企业的融资渠道。

深化国企改革。国有"僵尸企业"在全部"僵尸企业"中占有较大比重，因其国有性质也更便于采取产业政策进行处置。通过国有资本预算和业绩考核等手段，加快国有落后产能企业淘汰和无效资产剥离；为技术水平领先、行业具有发展潜力的企业补充资本金，使其恢复造血功能；以国有资本投资、运营公司为整合平台，推动"僵尸企业"中的优质资产进行兼并重组；积极引进民营资本开展混合所有制改革。

（原文载于《光明日报》2016 年 4 月 13 日 15 版）

第三篇　国企改革新探索

关于构建国有经济分层分类管理体制的设想

    党的十八届三中全会指出，要完善国有资产管理体制，建立以"管资本"为主的国有资产管理新体制，组建国有资本经营公司和国有资本投资公司。如何构建以"管资本"为主的国有资产管理体制，目前有两种观点。一种观点认为，现行国有资产管理体制在过去十年的运行中，暴露出加剧政企不分、政资不分，过度干预以及国有资产规模扩张快但运行效益水平不高这些新矛盾和新问题，深化改革需要转换国有资产监督管理委员会的角色，以"管资本"为主的管理形式来替代国有资产监督管理委员会现行"管人、管事、管资产"的管理形式，推动国有资产的资本化和证券化，学习汇金模式或淡马锡模式，建立以财务约束为主线的国有产权委托代理关系。另外一种观点强调，要肯定和坚持2003年以来国有资产管理体制改革的成果，而党的十八届三中全会提出的以"管资本"为主的管理体制，应该是对现行"管人、管事、管资产"管理体制的完善，以淡马锡模式或汇金模式为代表的金融资本管理模式存在政企不分、政资不分的弊端，不能够将金融资本管理模式照搬到实业资本管理模式上，尤其是面对中国庞大的国有实体经济，这种照搬更不可行。我们认为，国有资产管理体制改革应该有一个更宽广的视野，建议构建一种分层分类、全覆盖的国有经济管理体制。

第一，从分层看，国有经济管理体制是由"国有经济管理委员会——国有资本经营公司或者国有资本投资公司——一般经营性企业"三个层次构成。

首先，在最高层次上，是政府的国有经济管理部门（这里没有将最高层次人民代表大会考虑进去，而未来国有资本经营预算是应该向人民代表大会定期汇报的），可以命名为"国有经济管理委员会"（简称"国经委"，）区别于现有的"国有资产监督管理委员会"（简称"国资委"），"国经委"负责整体国有经济监管政策的制订和监督政策的执行，解决整个国有经济部门和不同类型的国有企业的功能定位问题，建立国有资本资产负债总表、编制和执行国有资本经营预算，负责中间层次的国有资本运营公司、国有资本投资公司的组建，对其章程、使命和预算进行管理，负责国有资本的统计、稽核，监控等。与现有的"国资委"相比，"国经委"管理职能要减少和虚化很多。而且，虽然国有经济的概念要包括国有资本、国有企业和国有资产，而且全覆盖所有行业，但由于"国经委"直接管理的是对现有企业合并重组后组建的国有资本投资公司或者国有资本经营公司，数量相比现在的"国资委"直接管理企业数量要少；在中间层次上，组建和发展若干数量的国有资本投资公司和国有资本运营公司。作为世界最大规模的经济体之一，在中央政府层面，需要十数家或者是数十家的中间层次的这类平台公司。从现实出发，这类平台公司有三类，一是类似于汇金模式的国有资本运营公司，专注资本运作；二是投资实业方向相对单一、主业突出的国有资本投资公司，如中石油；三是投资实业方向多元、主业不突出的国有资本投资公司，如中粮、国投等。正是这三类平台公司共同存在，实际上就折中了上述国有资产管理体制改革的两派观点。作为政府与市场之间的连通器，这些平台公司，将在确保国家政策方针贯彻落实的前提下，尽最大可能地运用和调动各种市场手段，为下辖的国有企业提供与其企业使命、功能定位相称的和相适宜的运营体制机制。最后，才是第三层级的一般意义的经营性国有企业。

第二，从分类上看，将国有企业划分为公共政策性、特定功能性和一般商业性三个类型进行分类治理。

国有经济总体上承担着两大使命，或者说发挥着两大方面功能，一是公共政策性，作为政府实现公共目标的工具或者资源；二是市场盈利性，保证国有资产的保值增值。由于渐进式改革，这两类功能的国有经济并没有在具体的国有企业中区分，造成国有企业面临着"使命冲突"，从而使得国有企业无法与市场经济体制彻底融合。新时期深化国有经济改革，需要准确界定不同国有企业的功能，国有企业已经步入了一个"分类改革与分类监管"的新时期。我们认为，考虑到历史沿革和可行性，应该是根据企业使命和承担功能性质的不同，将国有企业分成公共政策性、特定功能性和一般商业性三种类型。

公共政策性国有企业，是带有公共性或公益性的、特殊目的的国有企业。它们仅承担国家公益性或公共性政策目标而不承担商业功能。公共政策性国有企业，应该是国有独资企业。具体监管方法是"一企一制""一企一法"，确保企业活动始终以社会公共利益为目标。这类国有企业数量非常少。目前，有的公共政策性国有企业也在开展商业性业务活动，一旦明确企业功能定位，其商业性活动应该逐步分离出来。从长远看，公共政策性国有企业将是国有资本加强投资和监管的重点。

一般商业性国有企业，也就是人们常说的竞争性国有企业。它们属于高度市场化的国有企业，只承担商业功能和追求盈利性经营目标。一般商业性国有企业采用公司制或股份制，其股权结构应该由市场竞争规律决定，遵循优胜劣汰原则。在规范运作的前提下，这类企业的股权多元化程度和股东的异质性程度，不应该受到非市场性因素的困扰和扭曲。为数众多的中小型国有企业都属于这一类型。

特定功能性国有企业，具有混合特征。它们有一部分商业功能，也有一部分非商业性或政策性功能，其非商业性功能的实现又要求以企业自身发展和经营活动盈利为基础和前提。特定功能性国有企业的股权结构是国有绝对控股或相对控股的多元化结构。有特殊的政策性功能要求的，可以制订具体政策来规范企业的股权结构；没有特殊政策规定的，应该由市场来发挥资源配置的决定性作用。从长远看，特定功能性国有企业将进一步分化，这类企业中的大多数，将转变为一般商业性国有企业。

基于这样功能分类，我们认为，现在的 113 家中央企业中公共政策性企业有 5 家，中国国新、中储粮总公司、中储棉总公司、国家电网和南方电网；特定功能性企业 32 家，包括国防军工板块的十大军工企业和中国商飞公司，能源板块的三大石油公司、国家核电、中广核集团和六大电力公司，及其他功能板块的中盐公司、华孚集团、三大电信公司、三大航空公司以及中远集团、中国海运；一般商业性企业 76 家包括一般工业制造企业、综合贸易服务企业、建筑工程企业、科研企业和资产规模在 500 亿以下的其他中小企业。由于国有企业的复杂性，这个分类可以是动态的，随着环境和情况变化而调整。

在这种国有企业分类的基础上，新的分类分层国有经济管理体制对国有企业监管采用的是差异化的国有企业分类治理机制。所谓差异化分类治理机制，指的是不同功能定位的国有企业，分别适用于不同的企业治理制度，具体表现为法律适用、考核办法、企业领导人员选任和薪酬制度、国有资本收益上缴制度、监督与信息公开等各方面的差异化制度安排。

第三，从全覆盖看，新国有经济管理体制将现有的金融、工业、文化、铁路等分领域管理的"分业监管"纳入"统一监管"的框架下。

"三层三类"国有经济管理体制，也使得"全覆盖"的国有资产和国有企业的统一监管成为可能。因为"国经委"管理职能的"虚化"，使得它能够将工业、金融、文化、铁路、农业等各个领域的国有经济全部纳入"国资委"的管理范围中，只是要根据行业特征在其下组建不同的国有资本运营公司和国有资本投资公司而已。建立"全覆盖"的统一监管体制，确立"国经委"的政策权威地位，有助于消除现行监管体制中的"盲区"和促进全国国有资本的统一优化配置，有利于不同行业领域国有资本管理政策的统一协调。"国经委"要着重通过对不同国有部门的准确功能定位，对国有资本投资公司或者国有资本运营公司进行充分授权，避免随意参与和干预相对低层次的国有资本投资运营公司及下辖国有企业和国有资产的日常运营活动。

总之，我们设想的国有经济管理体制是由"国有经济管理委员——国有资本经营公司或者国有资本投资公司——一般经营性企业"三个层次构成，管理"公共政策性、特定功能性和一般商业性"三个类型国有企业，全覆盖所有领域的"三层三类全覆盖"体制。国有经济管理体制改革，是一项综合性的体制机制改革，不仅涉及国有经济、国有资产和国有企业的功能定位问题，还涉及干部管理体制、劳动人事制度以及调整政府与企业之间、中央政府与地方政府之间的关系等更为深层次的社会经济运行的体制机制问题。因此，在构建步骤上，为了稳妥可以考虑先在地方政府层面试点，在总结经验基础上，逐步推广并上升到中央层面。

（原文是作者作为国家社科基金重大招标项目"深入推进国有经济战略性调整研究"（批准号12&ZD085）首席专家而为国家社科基金《成果要报》撰写的稿件）

新时期如何积极发展混合所有制经济

　　党的十八届三中全会《决定》指出，要积极发展混合所有制经济："允许更多国有经济和其他所有制经济发展成为混合所有制经济。国有资本投资项目允许非国有资本参股。允许混合所有制经济实行企业员工持股，形成资本所有者和劳动者利益共同体。"虽然自十四届三中全会《决定》中首次提出混合所有制经济概念迄今已有 20 年的历史，十五大、十六大报告也都提出促进混合所有制经济的发展，这些年中国混合所有制经济也已经取得了巨大发展，但在中国进入全面深化改革的新时期，发展混合所有制经济作为重大的改革方针再次被提出，这表明发展混合所有制经济的意义十分重大。

一　新时期混合所有制经济的地位和作用

　　从最直观理解，混合所有制经济（diverse ownership economy）是指财产权分属于不同性质所有者的经济形式。这既可以用于描述宏观上一个国家或地区，也可以用于描述微观上一个企业组织。从宏观层次来讲，混合所有制经济是指一个国家或地区经济所有制结构的多元性，包括国有、集体、个体、私营、外资、合资、合作等各类公有制经济和非公有制经济；微观层次的混合所有制经济，是指不同所有性质的产权主体多元投资、交叉渗透、互相融合而形成的多元产权结构的企业。这意味着混合所有制经济从本质上说是一种股份制经济或以股份制为基础的经济，但一定是不同性质的资本间的参股或联合的股份制经济。

在西方经济学者那里，也曾提出混合经济（mixed economy）的概念。他们认为混合经济是私人资本主义经济与社会化经济的混合，是资本主义和社会主义的某些特征并存的一种经济，既有市场调节的决策结构分散特征，又有政府干预的决策集中的特征，实质上就是国家干预的、以私人经济为基础的市场经济。显然西方学者的混合经济与中国提出的混合所有制经济不同，中国的混合所有制经济是针对传统单一国有制结构的弊端和转轨中存在的问题、适应建立完善的社会主义市场经济体制而提出来的。在实践中，中国的混合所有制企业大体可以划分三大类，一是公有制和私有制联合组成的混合所有制企业，包括国有股份或集体股份与外资联合而成的企业，如中外合作经营、合资经营等，国有企业或集体企业同国内民营企业联合组成的企业；二是公有制与个人所有制联合组成的混合所有制企业，如国有企业股份制改造中吸收本企业职工持有部分股权的企业，以及股份合作制企业中集体股份与个人股份相结合的企业；三是公有制内部国有企业与集体企业联合组成的混合所有制企业。①

如果梳理改革开放以来我党重要改革文献中关于混合所有制经济的论述，可以看出我党对混合所有制经济的认识是逐步深化的。党的十四届三中全会最早认识到混合所有经济单位的存在和将会日益发展的趋势，《中共中央关于建立社会主义市场经济体制若干问题的决定》指出：随着产权的流动和重组，财产混合所有经济单位越来越多，将会形成新的财产所有结构；党的十五大报告则进一步阐明了公有制与混合所有制的关系：公有制经济不仅包括国有经济和集体经济，还包括混合所有制经济中的国有成分和集体成分；党的十五届四中全会则进一步提出发展混合所有制经济的途径：要通过规范上市、中外合资和企业互相参股等形式，将宜于实行股份制的国有大中型企业尤其是优势企业改为股份制企业，发展混合所有制经济；党的十六大报告则强调：除极少数必须由国家独资经营的企业外，积极推行股份制，发展混合所有制经济；十六届三中全会

① 常修泽：《发展混合所有制经济：完善市场经济体制新课题》，《21世纪经济报道》2013年10月16日。

《中共中央关于完善社会主义市场经济体制若干问题的决定》中则更为明确地提出：适应经济市场化不断发展的趋势，进一步增强公有制经济的活力，要大力发展国有资本、集体资本和非公有资本等参股的混合所有制经济，实现投资主体多元化，使股份制成为公有制的主要实现形式。党的十八届三中全会《中共中央关于全面深化改革若干重大问题的决定》则赋予了混合所有制经济前所未有的重要地位，首次提出混合所有制经济作为基本经济制度的重要实现形式："国有资本、集体资本、非公有资本等交叉持股、相互融合的混合所有制经济，是基本经济制度的重要实现形式，有利于国有资本放大功能、保值增值、提高竞争力，有利于各种所有制资本取长补短、相互促进、共同发展。"

十四届三中全会确立我国经济体制改革的目标是建立社会主义市场经济体制，自此以后，中国一直在探索如何使公有制特别是国有制与市场经济兼容，寻求公有制和市场经济相结合有效形式。经过多年探索，我党认识到，作为中国所有制结构调整和完善过程中出现的新的所有制形式——混合所有制，是一种能够成功实现公有制特别是国有制与市场经济兼容、公有制与市场经济相结合的有效形式。在实践中，混合所有制经济在深化国有企业改革、提高资源配置效率、促进经济发展等方面发挥了不可替代的作用。

十八届三中全会《决定》提出，混合所有制经济是中国基本经济制度的重要实现形式，这是一项十分重要的理论创新。党的十五大确立了公有制为主体、多种所有制经济共同发展是中国社会主义初级阶段的基本经济制度，十八届三中全会则首次明确公有制主体、多种所有制共同发展的重要实现形式是混合所有制经济，这为社会主义初级阶段的基本经济制度寻找到了经济形式基础，增加了中国坚持和完善基本经济制度、走中国特色的社会主义道路的自信。同时，既然混合所有制经济是我国基本经济制度的重要实现形式，那么积极发展混合所有制经济，也就是坚持和完善社会主义初级阶段基本经济制度的要求和需要，这意味着这一创新理论表述不仅明确了混合所有制经济重要地位，而且为中国旗帜鲜明地发展混合所有制经济找到了合法性基础，还为快速发展的混合所有制经济指明了发展方向。

混合所有制经济是中国基本经济制度的重要实现形式，这一重要论断是科学的。首先，如上所述，混合所有制经济可以体现在一个国家或者地区宏观层面公有经济和非公有经济的多元所有制结构，这意味着中国以公有制为主体、多种所有制经济并存和共同发展的经济格局，本身就是一种宏观意义的混合所有制经济格局，上述论断正是混合所有制经济应有之意；其次，在微观企业层面，混合所有制企业具有国有资本、集体资本和非公有资本等交叉持股、相互融合的多元产权结构，混合所有制企业的发展自然实现了多种所有制经济共同发展的要求。[①] 由于混合所有制企业有利于国有企业建立规范的公司治理结构，有利于国有企业依托多元产权架构和市场化、民营型的运营机制不断发展壮大，减少非公有资本对公有资本的直接侵害，增强国有资本或公有资本对其他资本的辐射功能，提升整个公有经济的竞争力，从而提高国有经济的控制力、影响力和带动力，进而实现了公有制的主体地位的要求。最后，从实践上看，随着以公有制为主体、多种所有制经济的基本经济制度不断完善，中国混合所有制经济也同步取得巨大的发展。截至 2011 年底，在中央企业登记总户数 20624 户中，公司制企业 14912 户，改制面 72.3%，较 2002 年的 30.4% 提高 40 多个百分点。[②] 中央企业在改制中积极引入民营资本、外国资本，促进投资主体和产权多元化，大力发展混合所有制经济。如中海油 34 个二级企业、三级企业中，国有股权平均在 40%—65% 之间，基本都为混合所有制企业。[③]

从上市公司看，截至 2011 年年底，中央企业控股上市公司共有 368 家，其中纯境内上市公司 260 家，纯境外上市公司

---

① 范恒山：《如何理解大力发展混合所有制经济（学习《决定》答问解读)》，《人民日报》2003 年 11 月 3 日第 6 版。

② 李志豹：《混合所有制：中国企业改革新目标》，《中国企业报》2011 年 7 月 8 日第 1 版。

③ 罗志荣：《国企改革——十年攻坚探出发展新路子》，《企业文明》2013 年第 3 期。

78 家，境内外多地上市公司 30 家。① 在上市公司中，有超过
40 家中央企业实现主营业务整体上市，其中石油石化、航空、
航运、通信、冶金、建筑等行业的中央企业基本实现主营业务
整体上市。随着混合所有制企业的不断发展，公有制主体地位
得到不断巩固，仅从上市公司看，2007 年至 2012 年第三季度，
中央企业通过改制上市，共从境内外资本市场募集资金约
9157.5 亿元。从国有企业整体发展看，2003—2011 年，全国
国有及国有控股企业（不含金融类企业）营业收入从 10.73 万
亿元增长到 39.25 万亿元，年均增长 17.6%；资产总额
85.37% 万亿元，所有者权益 29.17 万亿元，分别是 2003 年的
4.3 倍和 3.5 倍。② 这体现了混合所有制作为基本经济制度的重
要实现形式的优越性。

二   新时期发展混合所有制经济存在的主要障碍

虽然经过 30 多年的改革，中国混合所有制经济发展取得
了很大的成就，但是，未来进一步推进混合所有制经济发展还
面临很多障碍和问题，具体而言，至少表现在以下几个方面。

第一，中国在大型企业集团公司层面的股权多元化改革，

---

① 罗志荣：《国资监管——十年探索构建新体制》，《企业文明》2013 年第 3 期。
② 温源：《十年改革路 国企步铿锵》，《光明日报》2013 年 5 月 10 日第 1 版。

大多是滞步不前，其中一个重要原因是大企业集团公司都被认为承担了重要的国家政策使命，不适合民资介入的股权多元化。

企业运行的基本逻辑是"使命决定战略定位、战略定位决定战略内容、战略内容决定组织结构、组织结构决定企业运行效率、企业运行效率决定企业使命的实现"。使命就是企业存在的理由，是企业的价值取向和事业定位。国有企业存在的理由是其要承担"国家使命"。党的十八届三中全会指出："国有资本投资运营要服务于国家战略目标，更多投向关系国家安全、国民经济命脉的重要行业和关键领域，重点提供公共服务、发展重要前瞻性战略性产业、保护生态环境、支持科技进步、保障国家安全"，这实质上界定了中国的国有企业的"国家使命"。十五届四中全会《决定》也指出："国有经济要控制的行业和领域主要包括：涉及国家安全行业、自然垄断行业、重要公共产品和服务行业以及支柱产业和高新技术产业中的重要骨干企业。"但是，由于这里界定的国有企业的使命比较泛泛，具体到现有的每家国有大型企业集团公司，都会找到理由以承担国家使命为名保持国有独资并而寻求政策支持或者垄断保护，这构成在国有大企业集团层面推进混合所有制改革的一个重要障碍。

第二，国有企业领导人的行政级别成为阻碍国有企业推进混合所有制改革的另外一个重要因素。

在国有大型企业集团层面无法推进引入民营企业的股份制改革，另外一个关键原因是国有企业领导人的身份问题。按照现行的国有企业领导人管理制度，所有国有企业领导人都有一定的行政级别，保留国有企业领导人员与国家党政干部可以交流任职的通道，同时又享受到市场化的工资水平，一身同时承担"企业家"角色和"党政官员"角色。这种既"当官"又"挣钱"或者可以"当官"也可以"挣钱"的双重角色，在社会上造成极大不公平，这不仅引起一般公众非议，即使是党政干部，也会对国有企业领导人市场化高收入有很大抱怨。不仅如此，这种具有行政级别的国有企业领导人管理制度还使得国有企业领导人无法成为职业经理人，从而也难以建立规范的现代企业制度和公司治理结构，进而影响国有企业向混合所有制方向改革。

第三，民营企业自身发展总体上还存在许多问题，这制约了中国混合所有制企业的进一步发展。

中国民营企业经过30多年的发展，已经出现了一大批大型现代企业，一些民营企业已成为上市公司，实现了由私人资本向资本社会化的方向转型。但是，总体上看中国民营企业发展还存在三方面问题，一是资本规模还较小，大型民营企业集团数量还较少，绝大多数民营企业还不具备参与国有企业股权多元化改革的实力，更难以与国外大型跨国公司抗衡；二是民营企业治理结构还不规范，即使是一些上市公司，企业家行为仍随意性很大，公司治理的规范水平也有待提升，这不利于混合所有制企业的形成，即使组建了混合所有制企业，也难以形成规范的公司治理结构；三是民营企业家族式管理问题严重，企业管理现代化水平低，企业管理科学化现代化受到家族人员素质的严重制约。这使得民营企业难以在公司管理方面与国有企业融合，可能导致管理冲突和文化冲突。

第四，中国市场环境和法律体系还不完善，还存在制约混合所有制经济发展的众多问题。

统一开放、竞争有序的市场体系，是各类所有制经济公平竞争、共同发展的基础，也是混合所有制经济发展的重要保障条件。总体而言，中国公平开放透明的市场规则还没有完全形成，在一些重要行业还存在国有经济的垄断行为，还存在民营企业进入"玻璃门"问题。从法律体系看，现有的法律还不能完全保证各种所有制经济同等受到法律保护，不能完全保证各种所有制依法平等使用生产要素、公开公平公正参与市场竞争，发展混合所有制经济的法律环境还有待完善。尤其是，产权保护和产权流动的法律保障制度还有待进一步完善。产权是所有制的核心，产权清晰、权责明确、保护严格、流转顺畅的现代产权制度是混合所有制企业组建和健康持续发展的最基本的保障，我国在现代产权制度建设方面还有许多工作要做。

三 积极发展混合所有制经济的建议

第一，在分类改革与治理的基础上，积极推进国有经济战略性重组，除了极少数"公共政策性企业"外，都可以发展成为混合所有制经济。

新时期应该重新梳理每家央企存在对国家的意义，具体明确每家央企的使命，将央企分为三个大类，"公共政策性企业"、"特定功能性企业"和"一般商业性企业"，为它们分别构造不同的管理制度。"公共政策性企业"，是带有公共性或公益性的、特殊的国有企业，这类企业数量少，改革方向是一企一制、一企一法，确保企业活动始终以社会公共利益为目标；"一般商业性企业"，也就是常说的竞争性国有企业，它们在数量上，占全部央企的百分之七八十，其改革方向就是全面市场化；"特定功能性企业"具有混合特征，这类企业有一定数量，其改革方向是坚持市场化主导，同时适度兼顾特定的社会服务功能。它们是近期及未来一段时期改革的重点与难点。除了"公共政策性企业"可以采用国有独资公司的形式外，其他两类企业都可以推进集团层面的股权多元化改革，鼓励民营企业的介入。

　　我们初步研究认为，① 现有中央企业中"公共政策性企业"有5家，包括中国国新、中储粮总公司和中储棉总公司3家政策性企业，以及国家电网和南方电网2家自然垄断企业；"特定功能性企业"有32家，包括三大板块：一是国防军工板块，包括十大军工企业和中国商飞公司，共11家；二是能源板块，包括三大石油公司、国家核电、中广核集团和六大电力公司，共11家；三是其他功能板块，包括中盐公司、华孚集团、三大电信公司以及中远集团、中国海运和三大航空公司，共10家；其余78家为"一般商业性企业"，包括22家工业制造企业、17家综合贸易服务企业、7家建筑工程企业、12家科研企业和20家资产规模在500亿以下的其他中小企业。这意味着通过推进国有经济战略性重组，首先推进78家"一般商业性企业"的混合所有制改革，在未来进一步逐步推进32家"特定功能性企业"的混合所有制改革。这对国有产权集中，增加国有经济的控制力、影响力具有重要意义。

　　第二，积极推进国有企业领导人管理体制由"集中统一管理"转向"分层分类管理"，扫除国有企业向混合所有制企业改革的"身份障碍"。

　　未来应该完善国有企业领导人管理体制，由"集中统一管

---

　　① 黄群慧、余菁：《新时期的新思路：国有企业分类改革与治理》，《中国工业经济》2013年第11期。

理"逐步转向"分层分类管理"。具体而言，应该在逐步将国有资本集中于"公共政策性"和"特定功能性企业"的基础上，对于中央国有企业领导人员，划分为两类角色。

一类是"党政官员"角色，中央企业集团公司的董事长及董事会主要成员、党组织领导班子成员，整体上市公司的党组织领导班子成员、派出董事和内设监事会主席等，应该界定为这类角色，这些人员由上级党组织和国有资产监管部门管理。在选用方面，采用上级组织部门选拔任命的方式，他们有相应行政级别，选用、晋升和交流都可以按照行政方法和渠道；在激励约束方面，应该和党政官员基本类似，但考核以企业整体经营发展和功能实现程度为标准，激励主要以行政级别晋升为主，报酬可以略高于同级别的党政官员，但不能够完全采用市场化的激励机制，不能享受过高年薪和股权激励。

另一类是"企业家"角色，中央国有企业中大量的经理人员，包括母公司层面的经理团队以及各个子公司层面的董事会成员和经理团队等都属于这类角色。这类人员是职业经理人员，由董事会进行管理的，需要按照市场化的办法选用和激励约束。在选用上，这类人员需要在职业经理市场上通过竞争性的办法由董事会进行选聘；在激励约束方面，考核以市场化的经营业绩为标准，董事会按照市场标准给予其薪酬待遇，采用市场化的薪酬结构和水平，可以实施相应的股权激励制度，但是这些经理人员原则上不能够再享有相应级别的行政待遇，也没有机会交流到相应的党政机关任职，他们是真正的职业经理人。

推进国有企业领导人员管理体制从"集中统一"向"分层分类"转变，一方面，坚持了党管干部原则，缩小了党组织部门直接管理国有企业领导人员的幅度，提高了党管干部的科学化水平；另一方面，有利于推进大型国有企业治理结构的完善、促进董事会作用的有效发挥，有利于国有企业职业经理市场培育，进而有利于国有企业实现向混合所有制方向的改革。

第三，积极引导民营经济发展，促进民营企业资本社会化、治理结构规范化和企业管理现代化，从而提升与国有经济交叉融合的能力。

未来民营企业要实现与国有企业相互渗透和交融，必须实现三方面转变。一是从家族独资向资本社会化转变。这有利于解决单个私人资本不足的问题，促进民营企业做大做强，从而具备进入资源密集型产业和资本密集型产业的资本实力。二是从古典企业治理结构向现代公司治理结构转变。民营企业必须实行资本所有权与经营权相分离的现代公司治理结构，选拔和信任不具有血缘和裙带关系的职业企业家，彻底摆脱家族式管理，以解决人才不足的问题。三是从传统管理向现代管理转变。民营企业家要不断提高自身素质，努力学习和积极采用现代管理思想、方法和技术，尤其是要重视承担企业的社会责任。政府在民营企业管理培训方面应该有所作为，具体包括建

立管理技术、文件、制度、人才等方面的交流平台，建立民营
企业培训服务机制等措施，促使民营企业健康发展。我们的调
研表明，一些地方政府在这些方面的一些尝试和实践都取得了
较好的效果。

第四，着力营造公平竞争市场环境，努力完善产权流动的
市场机制和产权保护的法律体系，积极创造有利于混合所有制
经济发展的外部条件。

在营造市场公平竞争环境方面，政策的着力点要进一步从
行业和领域准入细化放宽到环节准入，解决民营企业进入"玻
璃门"问题。经过多年改革，石油天然气、电力、民航等领域
通过改革形成了可竞争性市场结构，但由于不少环节限制竞
争、保护垄断的政策没有改变，有效竞争的格局没有形成。为
了推进混合所有制经济发展，迫切需要配套调整相关政策和管
理措施，重点清理和改革生产要素配置、市场准入、进口管制
中片面保护在位企业的政策。具体而言，对于垄断性环节，可
以通过股权投资形式吸收非国有资本，逐步实现运营企业从一
股独大向股权分散的社会化企业的转变；对于竞争性环节，优
先引入资本多元化、社会化程度较高的经营者，形成国有企业
和民营企业、在位企业和潜在进入者相互竞争的市场结构。

混合所有制经济的发展关键在于产权的流动和保护，必须
健全相应的法律保障体系和市场机制。从法律保障体系看，一
方面要实现国有产权和私有产权的一视同仁，无论是国有产

权，还是私有产权，都要切实保障产权人依法享有与其出资相对应的权益；另一方面要实现区域内和区域外企业一视同仁，打破地方保护，保障跨地区投资形成的混合所有制企业与当地企业享有一样待遇，企业所在地的政府及社区，必须保障外来投资者的合法权益。从市场机制看，要建立产权流转顺畅的市场运行机制，使投资者根据对未来投资收益的预期判断，及时顺畅地投入或者撤出资本，以最大化混合所有制企业出资人投资收益，降低其投资风险，从而促进产权的流动、重组，优化资本配置，提高运营效率。一个高效率的产权市场，既有利于民营企业的健康发展，也有利于增强国有资本或公有资本对其他资本的辐射功能，提高国有经济的控制力、影响力和带动力，这最终有利于完善社会主义初级阶段的基本经济制度，最大限度地解放和发展生产力。

（原文载于《行政管理改革》2012 年第 12 期）

混合所有制改革的方法论原则

中国改革经验表明，成功的改革推进路径是先"自下而上"——允许基层积极探索，具体包括基层创新、发现问题、积累经验、总结分析等操作步骤，得到基层探索的整体改革意义，进而"自上而下"——进行顶层指导下的推进，具体包括明确方向、选择试点、制定规则、全面推进等程序，从而实现积极稳妥地全面改革。而且这个"自下而上"和"自上而下"的过程往往需要多次反复。这种"上下结合"的改革推进路径，既激发了基层改革创新的积极性、保护了经济的活力，又实现了改革的有序性、避免了改革一哄而上的混乱，是我们改革取得巨大成就的方法论保证。同样，今天我们推进混合所有制改革，也应该坚持这样的改革路径，或者说方法论原则。

十八届三中全会提出，混合所有制经济是基本经济制度的重要实现形式，积极发展混合所有制经济，是深化国有企业改革、完善基本经济制度的必然要求。在十八届三中全会精神的指导下，从 2014 年 2 月 19 日中国石化发布公告试水混合所有制改革开始，央企和地方国企掀起一股混合所有制改革热潮，广东、天津、湖南、贵州、河北、重庆各地纷纷提出了推进混合所有制改革的路线图、任务书、时间表。这意味着经过多年"自下而上"的探索，我们已经明确了混合所有制改革方向，全国正在"自上而下"地推进混合所有制改革。

从目前一些地方提出的改革方案看，往往把混合所有制企业比例作为了改革的考核指标，个别地区甚至给出了明确的参股比例要求，例如，河北省国资委要求 2—3 年内完成 70% 以上二级企业的股权多元化改革任务，各企业每年吸纳利用的社会资本原则上不少于上年净资产规模的 3%—5%；重庆计划用 5 年左右时间让八成以上竞争类国企实现混合所有制；广东计划 2017 年混合所有制企业户数比重超过 60%，2020 年混合所有制企业户数比重超过 80%；贵州省计划未来三年内省属 28 户国企将全部实现股权多元化。这体现了地方政府积极推进改革的决心和执行力，本无可厚非。但是，姑且不论这些数量目标是否经过"自下而上"的科学可行性验证，单从上述方法论原则看，在明确混合所有制改革的方向后，各地下一步的工作重点应该是选择试点和制定具体规则和程序、探索混合所有制改革实施细则，以保证混合所有制改革在制度和法律的框架下规范运作，而不是制定一个彰显政绩目标和决心的"改革大跃进规划"。正如习近平总书记所指出，关键在细则，成败也在细则。要吸取过去国企改革经验和教训，不能在一片改革声浪中把国有资产变成牟取暴利的机会。实际上，包括员工持股、经营者股权激励等举措在内混合所有制改革自 20 世纪 90 年代一直在探索，但由于一直没有出台相应的制度规范和实施细则，出现的一些国有资产流失现象和社会上对国有资产流失的质疑，2005 年前后这些探索被迫停止了。

　　具体而言，推进混合所有制改革，需先"上下结合"地探索和制定三方面规则。一是界定不同国有企业功能，将国有企业分为公共政策性、特定功能性和一般商业性，为不同类型国有企业建立不同法律法规，进而设计不同的混合所有制改革实施细则；二是完善公司治理结构，总结国有董事会试点经验，明确混合所有制下国有企业董事会的运行规则，建立有效的高层管理人员选拔和激励约束机制，从机制上保证国有董事和非国有董事的行为规范化和长期化，保证国有和非国有资产共同保值增值；三是完善和修订不适应混合所有制改革要求的法律法规、规范性文件，重新制定《非国有资本参与国有企业投资项目办法》《国有资本运营公司和国有资本投资公司试点办法》之类的新制度。总之，中国混合所有制改革要坚持上下协同推进、制度规范先行的方法论原则。

　　（原文载于《人民日报》2014 年 4 月 8 日 5 版，题目是"混合所有制改革要'上下结合'"）

界定不同国企功能 推进分类
治理与改革[*]

准确界定不同国有企业功能，这是十八届三中全会通过的《决定》提出的一项重大改革任务。一旦明确功能定位，国有企业可以因企制宜、选择恰当的股权结构安排，推行差异化的分类考核办法，执行不同的企业领导人员选任、高管薪酬制度和国有资本收益上缴制度，逐步建立和完善分类治理体制，采用多种途径和形式来深化改革。

区分三种功能类型的国有企业

国有企业已经步入了一个"分类改革与分类监管"的新

＊ 本文与余菁研究员合作。

时期。关于国有企业分类问题，常见的分类方法是将国有企业区分为竞争性和非竞争性两类。也有观点主张，非竞争性国有企业，还可以区分为公益性、垄断性或战略性国有企业。我们认为，比较有可行性的做法，应该是根据企业使命和承担目标责任性质的不同，将国有企业分成公共政策性、特定功能性和一般商业性三种类型。公共政策性国有企业，是带有公共性或公益性的、特殊目的的国有企业。它们仅承担国家公益性或公共性政策目标而不承担商业功能。一般商业性国有企业，也就是人们常说的竞争性国有企业。它们属于高度市场化的国有企业，只承担商业功能和追求盈利性经营目标。特定功能性国有企业，具有混合特征。它们有一部分商业功能，也有一部分非商业性或政策性功能，其非商业性功能的实现又要求以企业自身发展和经营活动盈利为基础和前提。[①]

建立差异化的国企分类治理体制

所谓差异化的分类治理体制，指的是不同功能定位的国有企业，分别适用于不同的企业治理体制。具体表现为六个方面

_____

① 有关这三类国有企业更为具体的论述可参阅第180—181页的论述。

的差异化制度安排。

第一，关于法律适用。这需要完善现有的法律体系，一是将现有的《公司法》中国有独资公司特别规定部分独立出来，形成专门的《国有独资公司法》，这个法律主要适用于一般政策性国有企业和一些特定功能性国有企业的集团公司。如果必要，还可以针对每家政策性国有企业进行单独立法；二是针对现有的处于自然垄断性行业的国有企业，可以单独制定专门的行业法规，这些法规对相应行业的特定功能性国有企业进行保护和约束；三是对于一般商业性国有企业，不需要有任何特殊的法律，与非国有企业完全一样，完全适用修改后的《公司法》。

第二，关于分类考核。一般商业性国有企业的考核，应趋同于一般企业的考核，重在考核国有资本的投资收益水平；公共政策性国有企业，应显著区别于一般企业的考核，主要考核政策性目标的履行情况；特定功能性国有企业的考核，应区隔商业性业务活动和政策性业务活动，再分别从盈利性和政策使命角度予以考核。

第三，关于企业领导人员选任制度。现行的国有企业领导人管理制度，所有国有企业领导人同时承担"企业家"角色和"党政干部"角色。这种既"当官"又"挣钱"或者可以"当官"也可以"挣钱"的双重角色,不仅在社会上造成极大不公平,而且也不利于规范的现代企业制度和公司治理结构的建立,进而影响国有企业向混合所有制方向改革。在分类监管的框架下,一般商业性国有企业领导人员的角色应是职业经理人,除董事长、党委书记等个别主要领导人员外,其他应该全部实行市场化选聘,由董事会任命;公共政策性国有企业领导人员的角色应是党政干部,在选用方面,采用上级组织部门选拔任命的方式,他们有相应行政级别,选用、晋升和交流都可按照行政方法和渠道;特定功能性国有企业领导人员中,集团公司的少数领导人员和子公司的个别主要领导人员可以是党政干部角色,采用组织部门选拔任命方式,其他大部分企业领导人员要实施市场化选聘制度,由董事会选拔任命。在实践中,应尽可能明确企业领导人员的具体角色,再执行相应的选任制度。

第四,关于高管薪酬制度。一般商业性国有企业,参照市场标准制订高管的薪酬待遇标准,而且,可以实施股权激励制度;公共政策性国有企业的高管薪酬,应大体上向同级别的党政官员看齐,可以稍高于同级别官员,但不能采用市场化的激励机制,不能享受过高的年薪和股权激励,这类企业的激励主要以行政级别晋升为主;特定功能性国有企业的高管薪酬的制定依据，应该与该企业高管角色性质保持一致——该企业高管的市场化选聘比例越高，高管薪酬与企业业绩的相关度越高；反之，高管薪酬中的市场化激励色彩越弱。

第五，关于国有资本收益上缴制度。一般商业性国有企业，应该按照市场规范运作的方式、参照市场标准来确定国有资本收益上缴标准；公共政策性国有企业，可不要求有资本收益，例如，中国储备粮总公司、中国储备棉总公司这类公司是可以免交国有资本收益的；特定功能性国有企业，可以基于其专营和垄断程度来确定其国有资本金收益上缴比例，垄断程度越高，国有资本收益上缴比例越高，反之，则国有资本收益上缴比例越低。

第六，关于监督和信息公开制度。一般商业性国有企业，应以市场竞争的硬约束为最重要的监督制度，率先探索国有企业财务预算等重大信息公开制度。在市场约束机制真正生效后，其他各种行政化的监督制度可以逐步从量大面广的一般商业性国有企业中退出，这将大幅度减少政府对国有企业的不当干预，同时，也大大降低国有企业的高昂监督成本；公共政策性国有企业，应该是强化行政监督的主要对象，应该与政府信息公开同步；特定功能性国有企业，宜采用市场化监督和行政化监督相结合、自愿性信息公开与强制性信息公开相结合的制度，同时，应按照市场起资源配置决定性作用的要求，加快向以市场化监督为主的方向改革。

探索多样化的国企分类改革途径

明确界定功能定位，有助于国有企业采用不同的改革路径来深化改革。不同功能定位的国有企业，在发展混合所有制经济、实行企业员工持股、提高公共服务能力和促进竞争政策改革等方面，其改革任务和途径，应各有侧重。

对于界定为一般商业性企业的国有企业，其改革目标是完全剥离行政垄断业务，通过市场化手段增强企业活力和提高企业效率。为实现上述改革目标，一方面，要推进公共资源配置市场化，加快政府管制改革，破除各种形式的行政垄断。另一方面，这类国有企业应勇于突破所有制观念的束缚，大力引入其他所有制经济成分，充分发挥其企业制度中内生的国有资本放大功能。在改革实践中，应该按照市场公平竞争要求，鼓励非公有制企业参与一般商业性国有企业的改革，鼓励发展形成非公有资本控股的混合所有制企业；鼓励一般商业性国有企业在改革成为混合所有制企业的同时，实行员工持股，形成资本所有者和劳动者利益共同体。在改革过程中，从这类企业中陆续退出的部分国有资本，将通过国有资本运营公司这一运作平台，转而投向那些更加符合国家战略目标的重要行业和关键领域。

对于界定为公共政策性企业的国有企业，其改革目标是退出盈利性市场业务领域、专注公共政策目标的实现。首先，对于已从事的盈利性市场业务，要逐步剥离；其次，要继续加大国有资本的投入力度，提高这类企业的公共服务能力和承担社会责任的能力；最后，要不断提高公司管理科学化水平，改善国有资本的使用效率。虽然公共政策性企业不以盈利为目标，但为了提高管理效率，在具体项目和环节上可探索引入竞争机制，允许非国有资本参股公共政策性企业负责的一些公共服务项目。而公共政策性国有企业自身，既不适合改组为国有资本投资运营公司或采用混合所有制的发展形式，也不适合推行员工持股制度。

特定功能性企业承担多个方面的改革任务，可综合采用多种改革途径。这类企业的总体改革方向是，主要依托国有资本投资公司这一运作平台，不断地主动退出那些竞争格局趋于成熟、战略重要性趋于下降的产业领域，不断努力在提供公共服务、保障国家安全和符合国家战略要求的各种新兴产业领域发挥更大的功能作用。其中，那些功能定位与提供公共服务、保障国家安全紧密相关的国有企业，在推行混合所有制经济、实行企业员工持股方面，要慎之又慎；那些与保护生态环境、支持科技进步、开展国际化经营、战略性新兴产业领域相关的国有企业，则应鼓励探索和发展混合所有制经济和员工持股制度。

（原文载于《经济参考报》2014 年 7 月 14 日）

新常态下的国有资本布局

　　《中共中央关于制定国民经济和社会发展第十三个五年规划的建议》提出:"健全国有资本合理流动机制,推进国有资本布局战略性调整,引导国有资本更多投向关系国家安全、国民经济命脉的重要行业和关键领域,坚定不移把国有企业做强做优做大,更好地服务于国家战略目标。"这意味着,继"九五"末期围绕国有企业脱困目标推进国有资本战略性调整后,"十三五"时期将围绕更好地服务于国家战略目标实施新一轮的国有资本布局战略性调整。

经济新常态对国有企业发展与国有资本
布局提出新要求

　　中国经济新常态基本表现为经济增速从高速转为中高速、经济结构优化、经济增长动力转化三大基本特征。这些特征表明经济新常态是中国一个新的经济发展阶段。从中国的工业化进程看，研究表明，这个新阶段意味着中国进入了工业化后期，也就是说工业化后期正是步入经济增长新常态的过程。在这个过程中，出现了一些大的趋势性变化，包括经济增速放缓趋势，经济服务化趋势，产业内部结构高级化趋势，要素集约化趋势和去产能化趋势，以及由于这个过程与国际上"再工业化"和新工业革命重合，出现了工业化与信息化、制造业与服务业深度融合的趋势。与此同时，中国国家层面也推出了"一带一路"和"中国制造2025"等大的国家发展新战略和倡议。面对经济新常态的这些趋势性变化和国家发展新战略，一方面环境变化对国有企业提出了新挑战，国有企业要生存和发展必须迎接挑战、适应新的环境变化——"适应新常态"；另一方面，新的经济发展阶段国家将赋予国有企业新使命，进而也给国有企业提出了新要求——"引领新常态"。

一方面，从国有企业发展方式看，与中国快速工业化进程、投资驱动高速增长、粗放的经济增长方式相适应，再加之国有企业承担经济赶超和融资相对便利，一直以来中国国有企业发展方式以投资驱动的快速规模扩张为主导。随着中国经济阶段逐步步入经济新常态，经济增速从高速转为中高速，模仿型排浪式消费阶段基本结束，低成本比较优势不可持续，市场竞争从低成本转向差异化，要素规模驱动力减弱，经济增长将更多依靠人力资本质量和技术进步，国有企业所熟悉的投资驱动的跨越式发展方式已经无法适应环境新变化。因此，经济新常态要求国有企业转变发展方式，在明确自己的国家使命和功能定位的前提下，通过不断创新，实现可持续的而非跨越式的发展。

另一方面，从国有资本布局结构看，与中国工业化中期阶段的工业化进程相适应，中国国有资本大多分布在重化工业。到2014年，中国工业国有资本占全国国有资本比重约为40%，而工业中煤炭、石油和石化、冶金、建材、电力等重化工行业国有资本占全部工业国有资本比重超过60%。但是，战略性新兴产业国有资本比重相对较低，到2014年上半年，战略性新兴产业上市公司中的63.5%属于民营企业，13.6%为中央国有企业，13.2%为地方国有企业。应该说，对于工业化中期的中国发展而言，重化工行业总体上关系到国计民生，具有重要的战略意义。但是伴随着中国进入了工业化后期和新技术革命的推进，一方面这些行业中一些产业的国家战略意义已经减弱，另一方面这些产业年度需求峰值已经达到，未来需求逐步减少，这些行业的产能过剩已经是绝对过剩。如果国有资本继续主要分布在这些行业，一方面国有资本的国家使命和战略意义将越来越不突出，另一方面国有企业效益也将受到影响，国有资产保值增值、国有企业做大做强做优的目标也将越来越难以实现。因此，在经济发展新常态下，国有经济要适应和引领经济结构优化转型升级趋势，必须积极推进国有资本布局的战略性调整。

新一轮战略性调整要使国有资本更好
服务国家战略

"十三五"时期国有资本布局结构战略性调整的目标，应该重"质"轻"量"，不再过于看重国有资本占整个国民经济的具体比例高低的"数量目标"，而应更加看重优化国有资本布局、促进国有资本更好地实现其功能定位和使命要求的"质量目标"。"十三五"时期，要通过国有资本布局战略性调整，使新常态下的国有经济功能定位更加明确，更好地服务于国家战略与服务于民生目标，在创新型国家建设、"一带一路""中国制造 2025"等国家战略和倡议中发挥关键作用；使行业布局更为合理，国有资本绝大部分集中于提供公共服务、发展重要前瞻性战略性产业、保护生态环境、支持科技进步、保障国家安全等真正关系到国家安全、国民经济命脉的关键领域以及公益性行业的优势企业中，进一步增强国有企业在这些领域的控制力和影响力。这要求将以前分布于产能过剩的重化工领域的国有资本，调整到与"中国制造 2025"相关的高端与新兴制造业、与国家"一带一路"倡议相关的产业、与完善中心城市服务功能相关的产业等领域中。具体而言，"十三五"时期新一轮国有资本战略性调整应该注意几点。

第一，随着经济服务化的趋势，未来工业在国民经济中的占比逐步下降，国有资本总体的调整方向是占比将会减少，但是工业的国家战略意义并不会降低，主要体现在创新型国家建设方面。同样我们期望国有资本发挥前瞻性、战略性的引导作用也主要体现在创新方面。无论是战略性新兴产业，还是"中国制造2025"的十大领域，国有资本进入都是期望能够发挥创新带动作用。虽然国有企业的创新作用一直存在争议，但是从中国创新资源分布看，也只有国有企业、尤其是大型央企才能真正担负起国家创新体系中重大自主创新生态系统的核心企业的角色。问题的关键是要形成科学的国企创新战略。国有企业要将更多的创新资源集中于重大自主创新生态系统的构建，通过整合创新资源引导创新方向，形成创新辐射源，培育具有前瞻性的重大共性技术平台和寻求突破重大核心技术、前端技术以及战略性新兴产业的先导技术，从而有效发挥国有企业在调整经济结构，产业转型中的带头和引领作用。

从国家创新战略角度看，国有企业应当在三类重大共性技术平台建设中发挥主导作用，一是战略共性技术，这类共性技术是处于竞争前阶段的、具有广泛应用领域和前景的技术，这类共性技术有可能在一个或多个行业中得以广泛应用，如信息、生物、新材料等领域的基础研究及应用基础研究所形成的技术。二是关键共性技术，这是指关系到某一行业技术发展和技术升级的关键技术。三是基础共性技术,这能够为某一领域技术发展或竞争技术开发作支撑的,例如测量、测试和标准等技术。

第二,同样是国有资本布局,中央企业和地方企业的国有资本布局的重点是不同的,中央企业国有资本布局重点体现为实现国家战略意图和全国性公共服务网络,而地方企业的国有资本布局重点应该主要体现为地方城市公共服务、城市基础设施建设等领域。由于地方国资总量要大于中央国资总量,因此未来地方国资的改革具有十分重要的战略意义,尤其是地方国资平台公司的改革,对防范中国经济风险、促进中国经济健康发展具有重要意义。

第三,在那些国家战略意义和公共民生服务意义不突出的产业领域,国有资本原则上应该沿着逐步收缩的方向进行调整。即使是国有资本有所增加的产业领域,国有资本主要以混合所有制方式进入,例如公用事业工程应该大力推进 PPP 方式,要尽量避免以国有独资方式进入。

第四,"一带一路"倡议所要求的国有企业海外业务区域布局的调整。因为"一带一路"沿线国家众多,国有企业需要针对各国情况差异寻求技术合作、产能合作、资源合作等。在"一带一路"倡议下,国有经济战略性布局的重大调整表现为海外区域布局战略调整,要求国有企业"走出去"战略的重点更多地向"一带一路"沿线国家转移。

国有资本布局战略性调整需要协同推进企业并购重组

　　企业并购重组，是实施国有资本布局战略性调整的重要手段。2014年年底，依托"一带一路"倡议，两大铁路设备制造巨头中国南车集团公司与中国北方机车车辆工业集团公司正式合并为中国中车集团公司，2015年5月，中国电力投资集团公司与国家核电技术公司正式合并为国家电力投资集团公司，十八届三中全会以后新时期中央企业的大规模并购重组拉开帷幕。虽然这两次并购重组在资本市场引起极大的关注，但是，自国资委2003年成立以来，央企这类并购重组并不鲜见，通过并购重组已经将196家中央企业减少到现在的110家。"十三五"时期还应该通过并购重组推进新一轮国有资本战略性调整。但是，通过企业并购重组调整国有资本布局，并不是简单地进行同行业公司的合并，需要协同考虑有利于解决自然垄断性行业的垄断问题、有利于建立以"管资本"为主的国有资本管理体制、有利于形成兼有规模经济和竞争效率的市场结构、有利于化解产能过剩问题等各方面要求。基于这样的考虑，"十三五"时期应该从以下几个方面推进国有企业并购重组。

　　首先，选择市场竞争程度相对高、产业集中度较低、产能过剩问题突出的行业，包括资源类行业、钢铁、汽车、装备制造、对外工程承包等领域，进行企业并购重组，从而减少企业数量，扩大企业规模，突破地方或部门势力造成的市场割据局面，促进形成全国统一市场，有效提高产业集中度、优化产能配置和促进过剩产能消化。需要强调的是，由于这类领域产能过剩突出、经济效益比较差，所以推进这类产业的并购重组应该是当前国有资本布局战略性调整的重点和当务之急。

其次，在具有自然垄断性的领域，区分自然垄断的网络环节和可竞争的非网络环节性质，根据行业特点整体规划、分步实施，通过企业重组、可竞争性业务的分拆和强化产业管制等"多管齐下"的政策手段，推动可竞争性市场结构构建和公平竞争制度建设，使垄断性行业国有经济成为社会主义市场经济体制更具活力的组成部分。如果说，一直以来国有资本布局战略性调整主要是将国有资本集中到自然垄断性行业上，那么，"十三五"时期新一轮调整则要将国有资本集中到自然垄断性环节上。具体而言，要研究将电信基础设施、长距离输油输气管网、电网从企业剥离出来，组建独立网络运营企业的方式的可行性。在可行性通过的基础上，可以考虑：（1）石油行业一方面要通过兼并重组、注入资本金等政策将中海油、中化集团整合成一家新的国家石油公司，另一方面要深化中石油和中石化内部重组，按开采及管道输油、炼油、设备安装制造、销售等环节组建若干专业化公司，开采及管道输油环节由这三家公司独资或者控股，其他环节引入民营企业组建混合所有制公司；（2）电网行业要在分离网络环节和非网络环节业务的基础上，实现国家电网公司和南方电网公司网络环节的合并，输配分离后，国家电网公司和区域电网公司经营输电网，配电网划归省电网公司，售电及设备制造等业务放开，发展混合所有制经济；（3）运输业中的民航业重点培育几家区域性航空运输企业，解决航空支线垄断程度过高的问题，把航油、航材、航信三家企业改造成由各航空运输企业参股的股权多元化的股份有限公司。同时，铁路也要按区域组建若干家铁路运营公司；（4）电信行业按照基础电信业务（基站、固化网）和增值服务业务分别组建专业化公司，基础电信业务有中国移动、中国电信和中国联通三大公司控股，增值服务业务放开，发展混合所有制企业。

再次，积极推进以"管资本"为主的国有资本管理体制的建设，应通过行政性重组和依托资本市场的并购重组相结合的手段，改建或者新建国有资本投资运营公司，将分散于各个行业、各个企业的国有资产的产权归为这些国有资本投资运营公司持有。无论是竞争性行业，还是垄断性行业，其国有企业并购重组都应该与建立国有资本投资运营公司相结合。对于竞争行业的国有企业的重组，应该通过组建国有资本运营公司的方式推进，重组后的国有企业产权由国有资本运营公司持有；对于垄断性行业的重组，应该通过改建国有资本投资公司方式推进，重组后的国有企业产权由国有资本投资公司持有。当前推进的中央企业重组，没有与十八届三中全会提出的建立国有资本投资运营公司要求相结合，属于单方面推进，将来还会面临再次重组的可能性。这里需要指出的是，在地方层面组建国有资本投资运营公司，要特别注意应同时切断原地方的融资型平台公司与政府的融资功能的联系，使这些平台公司向市场化和实体化转型。

最后，对国资委监管系统之外的中央企业的重组，也应该有所考虑。除国资委监管的百余家企业和财政部、汇金公司监管的20余家企业外，近百个中央部门仍拥有近万家国有企业，它们将来也应被纳入国资统一监管的范畴，成为参与改革重组的重要主体，从而建立起"三层三类全覆盖"国有资本管理新体制。

《原文载于《中国金融》2016年第4期》

央企分类要适合国情

　　企业功能定位与分类，是十八届三中全会提出的深化国资国企改革的一项重要任务。经过一年多的探索，现基本存在两个主流分类思路，一是将央企分为两类的"两分法"，即以保障普遍服务、实现公共政策目标为使命的公益保障类企业（也有公益类、公共政策类等各种表述）和以追求商业利润、实现国有资产保值增值为使命的商业竞争类企业（也有营利类、竞争类、一般商业类等各种表述）；二是将央企分为三类的"三分法"，在公益保障类和商业竞争类之间增加一个以服务国家经济发展某方面具体功能目标为使命的特定功能类。这两种分类思路孰优孰劣呢？

　　"两分法"思路的思想基础，来自西方发达市场经济国家的理论与实践，是对西方发达市场经济国家国有企业实践的简单效仿，从理论上具有简单直接、明确区分、可以彻底避免国有企业"营利性使命"和"公益性使命"冲突的特点，但其前提是国有企业数量非常有限。"三分法"思路基础是考虑中国现阶段是一个发展中、渐进式的经济转轨国家，拥有世界上最庞大和最复杂的国有经济部门。中国国有企业在相当长的历史时期既要有一般的市场体制国家在市场经济运行中国企应承担的"弥补市场失灵"使命，又要有发展中国家在经济赶超中国企应承担的"实现经济赶超"使命，还要有转轨经济国家在渐进式转轨过程中国企应承担的"培育市场主体"使命，这三类使命要求必然存在三类国有企业，即公益保障类、特定功能类和商业竞争类。尤其是作为后发大国，中国的确需要在事关国计民生的基础产业、支柱产业、战略产业上与国外企业竞争抗衡，承担支持科技进步、保障国家经济安全的特定功能类企业。

采用"两分法"的思路，意味着特定功能类的央企不能作为独立的类型存在，有关央企或被划为公益保障类，或被划为商业竞争类。在市场化改革大方向和政府财政预算约束下，特定功能类划归为公益保障类的可能性很小，无论是主管政府部门还是有关企业，都有动力要求将这类企业划归为商业竞争类。从长期看，中国的特定功能类央企应该向国外学习，努力地朝更加商业化方向改革。但是，就目前实际看，中国现有的特定功能类央企，无论是产权基础，还是市场能力与企业管理水平，与真正的商业竞争类央企情况相差甚远。"三分法"思路则是实事求是的选择，截至 2014 年 9 月，16 个省级区域出台的分类改革方案中，湖北、山东和山西三地没有明确分类，上海、江苏、江西、天津、云南、贵州、甘肃、青海、湖南、重庆、北京等省（市）采用"三分法"，只有四川采用的是功能性和竞争性、广东采用准公共性和竞争性的"两分法"，实际上这两地缺少的一类是因为其省属国有企业中没有公益保障类国有企业。

　　支持"两分法"者提出了一个政策建议，将特定功能类央企也作为商业竞争类央企的子类之一，姑且称之为"隐性三分法"。"隐性三分法"分类改革可能被认为会有两方面好处，一是认为给特定功能类企业戴上一个商业竞争类企业的帽子，可以有利于中国企业"走出去"，避免国际上用"竞争性中立"来挤压这类企业国际化经营的空间；二是有助于推动国有企业更好地向西方市场经济体制看齐，尤其是彰显推动垄断行业国有企业改革的决心。但是，基于"三分法"分类思路，公益保障类、特定功能类和商业竞争类这三类企业，各自承担了特定的使命与功能，它们对中国社会经济发展有各自不同的意义，解释其行为与运行机制的理论基础也是不一样的，应当自成一类。十八届三中全会要求，明确不同国有企业的功能类型。根据这一要求，对国有企业功能的界定和分类，应该尽可能地做到准确。既然特定功能类和商业竞争类国有企业在功能上已经存在明显的区别，为什么还硬是要将两类国有企业混为一谈、勉强归为一类呢？如果盲目为了迁就于国际上的制度压力，骤然将中国的绝大多数国有企业冠以商业类国有企业之名，而其中又有相当一部分特定功能性国有企业事实上根本达不到国际上公认的商业性国有企业行为规范，那么，中国国有企业"言行背离"不仅会致使国际声誉受损，而且真正的商业性国有企业也会不被国际上认可。考虑到垄断行业国企改革的困难性，由于已经有了商业竞争类的"名头"，无论是政府监管部门还是这类国有企业自身，有可能会安于现状，最后这种急于求成的做法，有可能导致分类改革流于形式。相对于"两分法"的急于求成、欲速不达，"三分法"则更加实事求是、稳妥可行。

（原文载于《光明日报》2015 年 1 月 8 日 13 版）

当前深化地方国资国企改革的几点建议

改革开放以来，地方国资国企发展迅速。截止到 2013 年，中国地方国有及国有控股企业 107857 户，占全部国有企业总数的 68.7%，年末从业人员数量为 2084.4 万人，占全国国有企业从业人员数量的 53.2%。根据财政部《2013 年国有企业财务决算报告》统计数据，地方国有资产共计 55.5 万亿元，高于中央的 48.6 万亿元。十八届三中全会以后，各地积极推进了国企国资改革，已有 25 个省级区域出台了地方国资国企改革方案，提出了时间表、路线图和一些重大措施。但是，一方面由于地方国企国资改革存在着与中央层面国资国企改革的不同问题；另一方面，各地之间也具有很大的差异性，因此，在深化地方国资国企改革中需要重视以下方向和措施。

第一，坚持"上下结合、协调推进"的改革路径。中国改革经验表明，成功的改革推进路径是先"自下而上"——允许基层积极探索，具体包括基层创新、发现问题、积累经验、总结分析等操作步骤，得到基层探索的整体改革意义，进而"自上而下"——进行顶层指导下的推进，具体包括明确方向、选择试点、制定规则、全面推进等程序，从而实现积极稳妥地全面改革。而且这个"自下而上"和"自上而下"的过程往往需要多次反复，在这个多次反复过程中，协调推进了改革。这种"上下结合、协调推进"的改革推进路径，既激发了基层改革创新的积极性、保护了经济的活力，又实现了改革的有序性、避免了改革一哄而上的混乱，是我们改革取得巨大成就的方法论保证。同样，今天我们推进地方国企国资改革，也应该坚持这样的改革路径，或者说方法论原则。

第二，坚持"因地制宜、明确底线"的改革原则。经过多年的改革与发展，中央国企和地方国企所处行业和生存状态差异巨大，各地区国有企业改革进程也快慢不同。这客观上要求在新一轮改革时，应坚持实事求是、因地制宜的基本原则，总体上政策不可以一刀切，要给地方充分的自由裁量权。要构建容错机制，鼓励各地不拘一格地探索，寻求自己的改革的突破口。但是，地方在探索国资国企改革过程中，又需要中央明确必要的指导政策，尤其是对一些争议较大、意义重大的改革问题，中央应该出台一些指导性意见，这些意见一方面要明确地方政府探索的方向，总体上必须坚持市场化方向，不许走回头路；另一方面要明确地方探索改革的底线或者红线，保证改革过程的公开、公正、公平、透明，防止国有资产流失等。

第三，建立集中、分层、分类的以管资本为主的国有资产管理体制改革。所谓"集中"，就是鼓励地方探索推动经营性国有资本集中统一管理，把散在各个部门的国有资产，包括文化、金融等，划归国资监管机构统一管理；所谓"分层"，就是构建政府监管机构——国有资本投资经营公司——国有企业三层体系，在全面梳理国资监管机构现有的权利基础上，严格界定国资监管机构和国有资本投资运营公司的权责，一个基本原则是国资监管机构侧重于国资国企的政策制定，对国有资本投资运营公司的实施章程管理和产权代表人管理，其他股东的权限都授予国有资本投资运营公司董事会行使；所谓"分类"，原则上可以按照公共服务类、特定功能类和一般商业性对国有企业进行功能定位，地方也可以按照自己具体情况选择具体的分类，进一步在功能定位的基础上探索分类监管机制。另外，在中央与地方的关系上，要尝试构建中央和地方相互衔接的国有资本经营预算管理机制，形成中央、省级和地市级国有资本经营预算资金通道。

第四，以激励性增量持股为核心推进混合所有制改革中员工持股。新一轮国企改革以及混合所有制改革认同度很高，国企职工要求实施员工持股股权激励制度的呼声很大，但现在还缺少相应的指导性制度。中国在这方面已经进行了30多年的探索，已经积累了大量的经验和教训，2014年6月也出台了上市公司的员工持股指导意见，应该在此基础上出台全国性的指导意见。一个基本的原则应该坚持激励性和公平性相结合，员工持股制度以"激励性的增量持股"为核心来构建，要坚持增量分享、激励相容、长期导向的原则，而且还有考虑企业的功能分类、企业规模、人力资本性质等问题，一般而言竞争性、中小型混合所有制企业更适宜实施员工持股。同时要允许各地积极探索期权、期股等各类股权激励的机制。

第五，在现有法律框架下通过制度创新解决地方企业社会负担和历史遗留问题。一些地方国有企业的社会负担和历史遗留问题，事关本轮地方国资国企改革成败，有必要在国有资本经营预算方面给予适当支持。但政策倾斜一定要纳入现有的法律和社会保障制度框架下，同时要进行制度创新，建议尝试建立保证国企改革过程稳步推进的基金。关于企业承担社会负担问题的解决，要适当增加财政性资金投入，加大国有资本经营预算，分类研究制订有关政策措施，集中力量解决分离国有企业办社会职能和所属事业单位分类改革、厂办大集体企业改革、离退休人员社会管理等问题。对于国有企业承担的政府指令性建设项目，由政府协调解决项目资本金，项目资金贷款由省级财政提供一定的财政贴息，对承担的城镇公共服务项目，由政府视情况对项目给予适当补助，对根据政府指令承担的扶贫济困、援藏援疆、抗震救灾等专项任务方面的投入，经审核可视同企业当年实现利润进行考核。

第六，在坚持党管干部原则下推动国企领导人管理体制从集中统一向分类分层转变。在现代公司治理中如何落实党管干部原则，这已经成为建立现代企业制度的焦点问题。改革的方向是在坚持党管干部原则下将国企领导人的集中统一管理体制逐步向分类分层管理体制转变，加大企业领导人市场化选聘比例。上级组织部门只负责董事会中少数关键领导，这种管理方式还以现有"党政干部"体制为主，而经理阶层应该完全由董事会选拔任命，管理方式则采用"职业经理人"的管理方式。在强调党组织的政治核心和监督保障作用前提下，针对企业类型不同，采取差异化的管理方式，越是市场化竞争性企业，越要采用混合所有制的股权方式，组织部门管理的企业领导人数量就越少。

第七，协调推进地方融资平台企业改革与组建国有资本投资经营公司。当前当务之急要积极推进地方融资平台企业的改革，通过深化改革，分类促进融资平台企业逐步转为一个正常企业：对商业房地产开发等经营性项目，完全推向市场，债务转化为一般企业债务；对供水供气、垃圾处理等可吸引社会资本参与的公益性项目，要积极推广 PPP 模式，其债务由项目公司按市场化原则举借和偿还；对难以吸引社会资本参与、确实需要政府举债的公益性项目，由政府发行债券融资；另外，对因出资不实导致资产"空心化"，转型有困难的，可注入一部分优质资产，增强公司偿债能力。在组建国有资本投资经营公司方面，现阶段以改建国有资本投资公司为主，逐步设立国有资本经营公司，分别针对两类公司出台相对应的指导意见。国有资本投资公司是产业投资类公司，而国有资本经营公司属于股权投资类公司，后者要坚持两个原则：一是只投资不控股，不设子公司和分公司；二是有资本，不负债，不进行财务并表，也无债务风险。

第八，中央层面要加快研究修改相关法律法规，及时修改完善《公司法》《国资法》《审计法》等法律中那些与改革方向要求不相适应的内容。在法律层面，还需要强调政府要自觉地依法执政，诚信守诺，强化对政府不维护契约行为的约束，国企改革一定要纳入法律轨道。

（原文载于中国社会科学院要报《领导参阅》2015 年第 21 期）

新时期推进我国员工持股制度的
几点建议[*]

  十八届三中全会认为"国有资本、集体资本、非公有资本等交叉持股、相互融合的混合所有制经济，是基本经济制度的重要实现形式"，"允许混合所有制经济实行企业员工持股，形成资本所有者和劳动者利益共同体"。这意味着，中国进入了积极推进混合所有制改革的新时期，同时，员工持股制度也迎来再次快速发展的新机遇期。一方面，员工持股无疑是国有企业混合所有制改革的一个重要的"混合方"，在积极推进混合所有制改革的大背景下，将有更多的国有企业开始引入员工持股制度。另一方面，混合所有制经济发展中，员工持股的意义不仅仅在于对国有企业引入非公资本的混合所有制改革意义，还在于员工持股具有股权激励效应，有利于充分发挥人力资本

---

  * 本文与余菁、王欣、邵婧婷合作。

的作用，从而促进包括国有和非国有在内的所有企业长远发展，进一步促进中国混合所有制经济的整体发展。但是，员工持股制度在中国已有过 30 年的实践历程，其中也经历"发展—叫停"多次反复波动，如何汲取过去经验教训，更加规范有序地促进员工持股制度应用与发展，是新时期必须回答的问题。

第一，结合中国国情和经济社会转型背景，探索中国的员工持股制度理论，确立中国员工持股制度理念。

职工持股在中国的出现，是中国职工在特定的背景中自发创造的结果，而职工持股在中国国内的推广，则是借助于西方国家，特别是美国推行员工持股计划的成熟经验。成功的员工持股离不开理论的支持。唯有理论根基扎实，制度设计才能有理有据，周全严密。中国目前推行的职工持股制度是与经济社会转型这个大背景相联系的，具体地说，是与企业产权制度改革相联系的。这一背景与西方资本主义国家实行员工持股的背景完全不同。西方国家实行的员工持股计划是希望通过赋予员工一定的资产所有权，使劳动与资本都能享受到企业的资产收益，从而激励他们为企业效力。中国作为社会主义国家，也需要通过职工持股，解决企业所有者缺位的问题，激励员工真正关心企业的长远发展。所以说"殊途同归"，中国和西方国家都走到了员工持股这一路径上来，解决企业的发展动力问题。但是也正是因为背景不同，我们不能简单照搬西方的制度，而是应该深入思考指导中国员工持股的理论基点。早在 20 世纪 80 年代，经济学家蒋一苇在《经济民主论》和《职工主体论》中就已经在这方面进行了初步探索。在新时期，我们应该进一步进行员工持股的理论研究，指导中国进行员工持股实践探索，为职工持股做好统一的顶层设计，建立起完善的制度框架，从而推进员工持股制度的规范有序地应用与发展。

第二，新时期积极推进员工持股制度，要坚持激励相容、增量共享与长期导向的基本原则。

为使员工持股制度不偏离初衷，并且真正发挥实效，在制度设计中应坚持三个基本原则，即激励相容原则、增量共享原则和长期导向原则。

一是激励相容原则。激励相容原则是委托代理理论中的一种机制设计，旨在使行为人追求个人利益的行为，正好与企业实现集体价值最大化的目标相吻合。员工持股制度若在股票价格、持有比例、行权时间、退出机制等方面设计得当，便会产生"激励相容"的效果，即员工的个人利益与企业的发展捆绑在一起，员工要想获得更高的收益，则必须努力付出，为企业生产效率的提高做贡献。相反，激励不当则会带来诸如拉大收入差距、追逐短期利益、造成股票市场波动等弊端，激励不足则会带来诸如"人人都持股"的平均主义大锅饭，以及普通员工持股比例过低，无法形成有效激励而带来"搭便车"现象等弊端。

二是增量利益共享原则。中国国有企业实行员工持股制度时，常常受到"国有资产流失"的质疑。大部分持有这种观点的人，只是以"瓜分蛋糕"式的狭隘思维，考虑了存量国有资产的安全性，却没能以一种长期发展的眼光，看待员工持股制度对于创造增量国有资产的重要意义。实际上，从很多国有企业改革的过程可以看出，推行混合所有制和员工持股制度，能够有效地激发员工的积极性，从而增强企业发展的活力，是完全可以创造出大量的国有资产增量的。中联重科等很多企业的实践证明，虽然国有股比重在改革中不断下降，但是由此产生的国有资产增值部分，却大大超出了之前的水平。员工在创造这部分增值的过程中，发挥了应有的作用，理应享受一部分回馈。因此，必须摒弃不利于国有企业发展壮大的短视行为，时刻遵守增量资产的共享原则。

三是长期导向原则。员工持股计划属于一种长期激励机制，通过让员工持有企业股份最大化员工的主人翁感及对组织的承诺。国外的员工持股通常规定员工在认购了企业的股份之后若干年内不允许流通和转让。如法国企业的规定是五年，英国企业的规定是七年。除此之外，员工持股计划还常常与退休金和社会保障联系在一起，为员工增加收益，解除员工退休后的后顾之忧，起到激励员工长期为企业尽心尽力工作的作用。

第三，新时期实施员工持股制度时，要按照规模大小和产业性质区别对待，分类指导，有序推进。

企业规模和产业特征是影响员工持股制度适用性的重要因素，因而在制度设计和执行中应加以区别对待。

首先，就企业规模而言，应当从思想上突破"员工持股制度只适合小企业"的障碍。从实践来看，一些规模很大的企业，如联想、华为、绿地、华远等，都是很好地利用了职工持股制度，取得了长足发展，并且成为国际化运营的跨国公司。下一步，员工持股制度将主要应用于大型国有企业的混合所有制改革。因此，应当积极探索和总结大企业实施员工持股的经验，为员工持股制度在大企业的顺利实施奠定基础。

其次，从产业特征来看，在房地产、建筑等完全竞争性领域，以及电子信息、新能源等高科技领域，职工持股制度有更大的适用空间。总体而言，那些完全竞争性领域的国有企业，应当把握这一轮混合所有制改革的契机，大力推行职工持股制度。在具体的操作层面上，政府应倡导企业大胆学习借鉴国外经验，尤其是充分利用杠杆方式的优势，并为此加快完善我国的资本市场。而那些具有自然垄断性质的国有企业，如中石油、中石化、国家电网等，在市场化改革还未完全之前，尚不具备推行员工持股的基础和条件，应暂时予以限制。最后，为了提高企业的积极性，针对竞争性领域的混合所有制企业，应当给予适度的制度激励和容错空间。

第四，加快员工持股的立法工作，尽快形成关于员工持股的统一的、切实可行的法律制度。

　　从国外职工持股计划发展的经验来看，立法工作是保证其健康发展的根本。中国在企业职工持股制度方面没有一套统一的、切实可行的法律制度。这是目前职工持股制度实施不规范的根本原因。

　　在中国，《公司法》生效前，国务院有关部门曾经颁布过《股份有限公司规范意见》《定向募集公司内部员工持股管理规定》等法规；《公司法》生效后，对企业职工持股一直没有相应的国家法律法规出台，也没有明确职工持股机构的法律地位。在实践当中，各个地方、各个行业，甚至不同的企业各行其是，出台了一些法规和规章，除了一些原则性的规定比较一致外，具体规定很不相同，甚至相互矛盾，这种状况严重影响了国家法制的统一性，也影响了各地和各企业的职工持股实践。目前，对职工持股制度起指导作用的是30多个省市制定和颁布的有关行政性管理办法。这些暂行规定不仅不规范，而且差异性很大，致使中国职工持股的发展处于"无政府状态"。为了使中国的职工持股制定长期健康的发展，制定和完善全国统一的关于职工持股制度的法律法规非常必要，这是国内各界已经形成的共识。

　　我们可以参照与借鉴以美国为代表的西方发达国家有关职工持股的法律条文，结合中国各地方政府相继颁布的一些有关职工持股制度的暂行管理法规，加上各地试点企业经验总结，出台一套全中国统一的、规范的有关职工持股制度的法律条文。在立法模式上，中国应当借鉴国际经验，选择在现有的相关法律中规范职工持股的做法，明确职工持股制度的法律地位、操作程序，通过设立专门机构，规范制度设计，实行统一管理。例如，可考虑在《公司法》中补充股份有限公司和有限责任公司中职工持股的相关规定。由于职工持股涉及多个方面的法律，具体而言，需要对《公司法》《证券法》《信托法》《企业所得税法》《个人所得税法》《劳动法》和《社会保障法》等相关法律中涉及职工持股的内容进行增补修订。

最后，在当前法律体系尚不健全的情况下，应当通过政府和各种中介组织，采取灵活多样的监督方式，对实施员工持股的企业加强外部监管。

第五，加强相关制度建设，支持中国员工持股制度的健康发展。

美国的员工持股计划在发展初期，主要是依靠美国政府的立法和相应的税收优惠政策的支持而发展起来的。为促使中国员工持股制在中国更大规模、更加深入的推广，中国应通过完善相关制度建设，来支持中国员工持股制度的健康发展。

一是制定一系列以税收优惠为主的政策支持。政府为利益相关的各方提供税收激励是美国成功推动员工持股计划持股的主要经验之一。根据美国的经验，中国政府可以考虑提供的税收优惠包括：在3—5年内，对银行等金融机构为职工持股提供贷款的利息收入,按一定比例免征个人所得税;对于职工股份分红用于归还银行贷款的部分免征个人所得税;对于没有变现,不直接用于消费而用于企业投资的分红形式,应免征个人所得税;对企业工资基金转为股份的,也应享受免税优惠,等等。

二是政府在资金上给予支持。目前中国员工持股的出资以现金为主要方式。这是中国目前在企业实行职工持股改制中面临的一个很大的问题。一部分企业负债率高,经营效益差,仅靠职工的工资收入无力实现企业改制目标。根据美国员工持股计划的经验,政府对于职工持股不仅在法律上予以鼓励和肯定,而且在资金上也予以扶植。在美国,公司员工没有人自己掏钱购买企业的股份,都是通过银行贷款来实施员工持股计划。中国政府也应当通过金融手段对职工持股给予必要的支持。比如鼓励银行和信用机构以低息贷款的方式给予职工在购买企业股票时的支持,同时对实行职工持股制度企业,在取得银行贷款时也给予一定的税收等方面优惠。

三是让企业员工持股制度成为社会保障体系的一部分。在美国,员工持股计划与雇员的退休金计划密切结合,被广泛作为一种福利收益制度。借鉴美国的经验,中国也可以通过建立职工持股制度,有效地建立起企业的补充养老保障制度。鉴于目前中国财政收支紧张状况,国家从企业现有存量资产中,通过量化为股份的形式给职工以适当补偿，补充职工养老基金，这样通过以个人出资投入为主，结合企业转移的盈余收益建立起中国完善企业职工养老保障制度。

（原文载于《东方早报》2014 年 8 月 19 日，题目为"新时期中国企业员工持股制度研究"，这里有删节）

中央企业在国家创新体系中的功能定位

　　一直以来，国有企业的技术创新问题呈现两方面特点，一方面，国有企业在资金、人才资源投入和产出成果上都具有数量优势，创新政策支持上处于有利地位，创新活动起点和水平较高，对中国的创新型国家建设起着关键作用；另一方面，国有企业被认为存在自主创新的动力和压力不足、内在激励和能动性不够问题，相对于其占有的创新资源总体效率还偏低。党的十八大以后，中国的经济发展战略要从"要素驱动"向"创新驱动"战略转型，所谓"要素驱动战略"强调的是通过投资、劳动力、资源、环境等要素的低成本的大量投入来驱动经济快速发展，追求的是经济发展速度，以经济增长数量为战略目标，而"创新驱动战略"则强调的是通过技术创新和制度创新来实现经济的可持续发展，追求的是经济发展效益，以经济增长质量为战略目标。面对我国经济发展战略的转型，占有大量创新资源的中央国有企业在国家创新体系中应该发挥怎样的

作用，以及如何更有效地发挥作用，这是一个十分重要的国家
战略问题。

一　创新生态系统观的视角

随着对创新活动研究的深入，有关创新对于社会经济发
展、国家竞争战略的重大意义以及自主创新的必要性，已经得
到了社会各界的共识，与此同时，有关创新活动的复杂性也得
到理论界的深刻解释。理论界对创新活动复杂性的一个最好的
解释视角是创新生态系统观。创新生态系统观是从仿生学角度
解释创新的一种理论，是基于网络创新和开放式创新理论的进
一步发展。早在 1977 年，Hannan & Freeman 提出了"组织种
群生态学"的观点，认为在一个特定边界内的、具有共同形式
的所有组织构成种群，同一个种群中的组织对环境的依赖程度
的不同影响着这些组织的活动方式及其结构。此后，从仿生学
角度研究企业组织行为的文献大量出现。1996 年，Moore 将企
业生态系统界定为以组织和个体的相互作用为基础的经济联合
体。2006 年，Adner 从创新生态系统角度研究企业创新行为，
他认为企业创新行为往往不是单个企业可以实现的，而是要通
过与一系列伙伴的互补性协作，才能产生创新行为，从而生产
出具有顾客价值的新产品。

归结起来，创新生态系统论认为，创新系统是一个生命系

统，创新活动不能仅仅理解为一个环节，或者一系列环节的链条，而是一个具有多主体参与的具有网络化和开放性的复杂生态系统运行结果。创新生态系统由各种各样的主体所组成，这些主体也被称为生物物种或者成员，生物物种既包括企业个体及同质企业所形成的种群，也包括消费者、政府、研究机构、供应商、市场中介、金融机构和投资者等各类利益相关者，他们相互间存在各种复杂关系。这种复杂关系既有垂直关系，如供应商、消费者、市场中介机构等关系；又有水平关系，如竞争对手、其他产业的企业、政府部门、高校、科研机构、利益相关者等关系。概括地说，创新生态系统是由企业、政府、科研机构和中介组织等各类创新主体相互作用、共存共生、共同学习、共同演进形成的具有创新功能和网络结构的复杂开放系统。每一个创新生态系统都是一个开放的、与社会有着全方位资源交换的、而且不断在做内部调整的动态系统，具有自身所在系统没有的特性和功能。

　　为了描述这个复杂的多主体创新生态系统，理论研究者将这些创新生态系统主体划分了不同的层次，按照其对创新活动的直接作用，一般可以划分为核心层、扩展层、相关层和外部环境层。在这种创新生态系统中，扮演搭建创新平台、引导创新方向、整合创新要素、协调各类创新主体行为、配置创新资源角色的主体，构成生态系统的核心层，对于技术创新生态系统而言，这个核心层一般是企业或者企业联盟，这些企业被称为创新生态系统的核心企业。一个国家的创新体系就是由无数个这样的创新生态系统构成的。

　　按照中国的分类，国家创新体系包括国家技术创新体系、知识创新体系、国防创新体系、区域创新体系和中介服务体系，其中核心是技术创新体系。十八大报告指出要加快建设国家创新体系，着力构建以企业为主体、市场为导向、产学研相结合的技术创新体系。2012年9月，中共中央、国务院专门下发的《关于深化科技体制改革加快国家创新体系建设的意见》则进一步具体要求，充分发挥企业在技术创新决策、研发投入、科研组织和成果转化中的主体作用，吸纳企业参与国家科技项目的决策，产业目标明确的国家重大科技项目由有条件的企业牵头组织实施。如果从创新生态系统观看，这意味着中国国家创新体系建设的关键是形成众多的由核心企业主导、多种主体参与的技术创新生态系统。由于核心企业在技术创新生态系统中具有引导创新方向、整合创新要素、协调各类创新主体行为、配置创新资源的功能，那么培育能够主导技术创新生态系统的核心企业，就具体成为给国家创新体系建设关键中的关键。

　　中国作为一个后发的社会主义大国，提高自主创新能力是一个必然的战略选择。如果将自主创新理解为具有技术首创、技术突破内生、市场投放率先、经济效益显著特征的一种创新活动，产生这种创新活动的技术创新生态系统可以界定为自主创新生态系统，那么，从国家创新战略角度看，中国需要建设众多的自主创新生态系统，从而推进中国创新型国家目标的实现。这种自主创新生态系统建设的关键，是培育相应的主导自主创新型生态系统的核心企业。

更进一步具体分析中央企业技术创新活动，这些活动还呈现出以下四个特征：一是在技术研发资源投入上重"硬"轻"软"，将技术研发资源相对集中用于核心产品和生产设备等"硬技术"，而轻视生产工艺和管理创新等"软技术"；二是在技术研发领域选择上重"用"轻"研"，研发方向大多集中用于相对短期见效的、应用型技术的研究开发，而非发展具有长期战略意义的、基础性或战略性技术的研究开发；三是在创新活动的形式上重"点"轻"面"，往往是技术进步、技术升级或技术攻关这类"离散的""阶梯式"创新活动居多，而整体提升技术效率的"连续的""系统性"创新活动相对较少；四是在创新活动的水平上"高不成，低不就"，在技术资源拥有绝对量和技术活动水平上，与国内其他企业相比较往往有领先优势，放到世界范围内跟国外技术领先的大企业相比时则劣势明显。中央企业技术创新活动的这四方面特点是与中国整体经济发展阶段和赶超型经济战略相适应的，但这四方面创新活动特点在很大程度上造成了中国原创性科技成果较少、关键技术对外依赖程度高的格局，影响了中国技术创新水平的进一步提高。

二　基于使命定位的中央企业分类改革思路

上述中央企业的技术创新活动所呈现的重"硬"轻"软"、重"用"轻"研"、重"点"轻"面"和"高不成，低不就"的特征，从根本上体现了其追求国有资产保值增值的短期经济目标的要求。应该说，随着国有经济战略性调整的推进和国有企业改革的深入，这些年国有企业取得了长足的发展，有关国有企业承担的国有资产保值增值的经济使命得到了很好的实现。但是，这些年围绕国有企业社会争议仍然很大，有关国有企业因为垄断等原因造成社会福利损失的指责仍不绝于耳。问题的关键在于国有企业作为一种国家设立的企业，其使命定位是什么？显然人们不会都认为国有企业仅仅要实现国有资产保值增值的经济使命。

经过多年的摸索，中国国有经济的功能被定位为弥补市场缺陷、巩固社会主义制度的经济基础和发挥在国民经济中的主导作用，十五届四中全会《决定》指出："国有经济要控制的行业和领域主要包括：涉及国家安全行业、自然垄断行业、重要公共产品和服务行业以及支柱产业和高新技术产业中的重要骨干企业。"国有经济这种整体定位，是十分科学的，既满足了市场经济共性要求，又满足了社会主义市场经济体制的特性要求。但是，对于每个具体的国有企业而言，上述整体功能定位会造成具体国有企业在生产经营中面临"盈利性使命"与"公益性使命"的诉求冲突。一方面，国有企业要通过追求盈利性来保证自己的不断发展壮大，从而实现主导地位；另一方面，国有企业要弥补市场缺陷，服务公共目标，这可能会要求牺牲盈利。这会使得国有企业陷入赚钱和不赚钱两难的尴尬境界——不赚钱无法完成国有资产保值增值、壮大国有经济的目标，赚了钱又被指责损害了市场公平和效率。企业运行的逻辑是使命决定战略，实际上，正是由于国有企业使命存在矛盾，引起了这些年国有企业行为出现偏差，一方面在传统制造业中过量的国有资本不断制造新的过剩产能，形成对非公资本的挤出；另一方面，在关系国民经济命脉、改善民生、国家长远发展的重要领域中，国有资本的作用没有充分发挥。

因此，必须给国有企业具体明确的使命定位。这要求具体对国有企业进行分类，不同类型的企业应该承担国有经济的不同的功能定位。按照十五届四中全会对国有经济功能的定位，可以将国有企业分为三个大类，第一类是公益性企业，这主要是指处于自然垄断的行业、提供重要的公共产品和服务的行业的企业，具体行业包括教育、医疗卫生、公共设施服务业、社会福利保障业、综合技术服务业等，这些行业的国有企业不以盈利为目的，主要承担公益目标。对于公益性企业，可以采用国有独资公司的形式，针对具体的企业可以专门立法，并建立严格的政府预算管理制度，其收入和支出都要有严格的预算管理，对管理层考核的核心要求是能否很好地实现公益性目标；第二类是功能性企业，主要是指处于涉及国家安全的行业，支柱产业和高新技术产业的企业，这类企业所处领域相对宽泛，具体包括军工、石油及天然气、石化和高新技术产业等产业，而且这类领域随着国家的经济发展战略变化可以变化，这类企业既需要充当国家政策手段，又需要追求盈利目标，以促进自身的发展壮大，从而发挥对国家经济安全和经济发展的支撑作用。对于功能性企业，可以采用国有控股的公司制的形式，也可以成为国有上市公司，这类企业除了满足公司法的一般要求外，还要针对其所处行业建立有专门的行业法规来管理，这类企业要接受政府一定的预算管理，对管理层的考核要以经济目标为主，满足国有资产保值增值的要求；第三类是商业性企业，这类企业是除了上述两类企业以外所有的现有企业，这类企业完全是盈利性企业，处于竞争性行业，与一般商业企业一样其生存和发展完全取决于市场竞争。对于商业性企业，企业可以是相对控股的公司制形式，企业设立和运行符合公司法的要求即可，国资管理部门的监管形式主要依靠对派出董事的管理，其收益主要是股权收益。

从国有经济战略性重组目标要求看，国有企业应该主要体现为公益性企业和功能性企业，要不断将国有资本集中在这两类企业。而商业性企业，是由于历史原因而遗留下来的企业，原则上不新设这类企业，从长期看国有股可以从这类企业逐步退出，从而保证国有资本集中到关系国家安全和国民经济命脉的重要行业和关键领域，增强国有经济活力、控制力、影响力。

基于上述将国有企业为公益性企业、功能性企业和商业性企业三类的改革思路，从国有企业技术创新方面看，三类企业技术创新的要求也相应不同。对于商业性国有企业，围绕国有资产保值增值的经济使命，现有国有企业的技术创新活动的特征是有其合理性的。但对于公益性和功能性国有企业，就主要不是有关国有资产保值增值的使命，国家需要赋予其有关技术创新方面具体使命，要求其开展符合国家利益的重大技术创新活动，而非一般性商业性技术创新活动。由于未来的改革方向应该是将国有资本都集中于公益性和功能性国有企业，也就是说，国有企业要从建设创新型国家战略高度寻求在国家创新体系中自己的功能定位。

三　中央企业在国家创新体系中的功能定位

从建设创新型国家战略方面看，国有企业作为一种制度安排，需要体现国家的意志和社会价值取向，在国家创新体系建设方面具有其独特的功能定位，这一点对于中央企业尤其是如此。中央企业主要分布在一些关系国家安全和国民经济命脉的重要行业和涉及国计民生的关键领域，且处于排头兵和主导地位，在国家技术创新体系中占有重要地位，有责任、有义务发挥骨干带动作用。中央企业的创新绝不能仅仅侧重于贴近市场的、应用性或竞争性强的、商业价值相对显性化的创新活动，不能满足于支撑自己企业短期利润回报的引进技术或者低水平技术创新活动，应该着力主导形成重大自主创新生态系统，集中开展那些具有长期性、基础性、关键性、重大性、共用性、风险相对较高、技术外溢效应非常明显等特征的重大技术创新活动。也就是说，按照我们第二部分所提出的生态系统观的研究视角，中央企业要将自己在国家创新体系中定位为重大自主创新生态系统的核心企业，将更多的资源集中于重大自主创新生态系统的构建，通过整合创新资源引导创新方向，形成创新辐射源，培育具有前瞻性的重大共性技术平台和寻求突破重大核心技术、前端技术以及战略性新兴产业的先导技术，从而有效发挥中央企业在调整经济结构、产业转型中的带头和引领作用。

从国家创新战略角度看，中央企业应当在三类重大共性技术平台建设中发挥主导作用，一是战略共性技术，这类共性技术是处于竞争前阶段的、具有广泛应用领域和前景的技术，这类共性技术有可能在一个或多个行业中得以广泛应用，如信息、生物、新材料等领域的基础研究及应用基础研究所形成的技术。二是关键共性技术，这是指关系到某一行业技术发展和技术升级的关键技术。三是基础共性技术，这能够为某一领域技术发展或竞争技术开发作支撑的，例如测量、测试和标准等技术。

　　基于中央企业作为重大自主创新生态系统的核心企业的功能定位，可以说，这些年，中央企业的国有资产保值增值的经济使命完成了，但中央企业的重大自主创新的创新使命并没有很好地实现。为了更好地完成中央企业的国家创新使命，有效地实现作为国家重大自主创新生态系统的核心企业的功能定位，在具体操作上，应该积极推进以下措施和政策。

　　首先，要根据现有的中央企业情况，重新梳理115家中央企业的使命，明确哪些中央企业属于公益性和功能性企业，并具体针对这些企业提出他们应该承担国家创新战略要求的技术创新使命；其次，针对创新使命，建立激励约束机制，要求这些中央企业将更多的资源投入到重大技术创新活动中。在党中央、国务院《关于深化科技体制改革加快国家创新体系建设的意见》中，提出"建立健全国有企业技术创新的经营业绩考核制度，落实和完善国有企业研发投入的考核措施，加强对不同行业研发投入和产出的分类考核。加大国有资本经营预算对自主创新的支持力度，支持中央企业围绕国家重点研发任务开展技术创新和成果产业化"，这需要各个相关政府部门设计具体政策有针对性的落实。再次，要激励中央企业积极创新、敢于创新、承担创新风险，其根本是企业家精神的培育。中央企业的经营管理者由于是上级组织部门任命，更多的是政府官员的角色，其行为准则是不允许犯错误，所以导致谨小慎微、因循守旧的国企领导人文化，这与积极创新、敢于创新、勇于承担风险的企业家精神具有根本区别，这需要从制度上保证中央企业经营管理者从政府官员角色向企业家角色转变。这里还要指出的是，试图通过对国企领导人考核来推进中央企业的自主创新工作并不一定有效，创新投入可以考核，但是否具有勇于创新、承担风险的企业家精神是无法通过指标来考核的。实际上，敢于承担创新风险的真正的企业家精神来自内在激励，而非外在约束。最后，针对由于制度原因形成的中央企业创新风险承受力小的特点，积极化解中央企业的创新风险，建立有助于创新的生态系统。在创新方向和项目选择上，中央企业要选择那些方向相对明确的重大研究项目；通过完善创新生态，建立有效的专利保护制度，激励中小企业创新发明专利，中央企业通过选择采购这些发明专利进一步产业化，来避免创新方向选择错误的重大风险；通过政府长期采购等承诺来减少未来创新的不确定性；还可以通过引入风险投资基金、建立研发准备金制度等手段在中央企业逐步形成包容技术创新失败的制度文化环境。

（原文载于《中国社会科学院研究生院学报》2013 年第 3 期，这里有删节）

国有企业改革步入实质推进阶段

  党的十八届三中全会对新时期全面深化国有企业改革进行了战略部署，明确了新时期全面深化国有企业改革的重大任务，包括国有企业功能定位和国有经济战略性重组、推进混合所有制改革、建立以管资本为主的国有资本管理体制以及进一步完善现代企业制度四方面内容。由于这些改革任务重大且复杂，在全面推进前需要自上到下、自下到上进行试验摸索和形成具体制度规范。在经过了近两年的探索后，2015 年 9 月 13日《中共中央国务院关于深化国有企业改革的指导意见》下发，之后9个配套文件相继出台，接下来10个文件还将陆续发布，新时期全面深化国有企业改革的具体指导文件政策体系"1＋X"正逐步形成。

  当前，中国整体经济下行压力较大，供给侧结构性改革正在发力，"十三五"规划开始实施，无论是从国家经济发展需要看，还是从国有企业自身改革发展看，今年实质推进新时期国有企业改革都具有必要性和急迫性。2016年2月25日，国资委宣布10项国企改革试点全面展开，具体内容包括落实董事会职权、市场化选聘经营管理者、职业经理人制度、企业薪酬分配差异化改革、国有资本投资运营公司、中央企业兼并重组试点、重要领域混合所有制改革、混合所有制企业员工持股、国有企业信息公开工作、剥离企业办社会职能和解决历史遗留问题。这标志着2016年将开启全面深化国有企业改革的实质推进阶段。

一　实质推进国有企业改革的基本前提：国企功能分类

回顾30多年来的中国国有企业改革，先后经历了从改革开放之初到十四届三中全会的"放权让利"阶段，20世纪90年代初至21世纪初的"制度创新"阶段，以及十六大以后以2003年国资委成立为标志的"国资管理"发展阶段。十八届三中全会则开始了新时期全面深化国有企业改革的新阶段。如果说这个新时期改革阶段与前三个阶段有什么重大区别的话，那应该是新时期国有企业改革是以国企功能分类为前提的，甚至可以概括为"分类改革"阶段。一方面，在实践层面，由于国有企业功能定位不清，面临着盈利性和公益性的"使命冲突"，不仅企业无所适从、经营管理行为存在扭曲，而且无论国企是否盈利都会有来自社会的指责声音；另一方面，从理论层面，也需要明确具体国有企业在中国社会主义市场经济中的基本定位和作用。实际上，没有对国企进行功能分类，成为当前制约进一步深化国有企业改革的关键问题。只有对国有企业进行分类，才能实质推进十八届三中全会提出的各项改革任务，也就是说基于功能定位和使命要求对国有企业进行分类是其他国有企业改革任务的基本前提。

根据中央关于国有企业改革指导意见，国有企业可以分为公益类、主业处于充分竞争行业和领域的商业类，以及主业处于关系国家安全、国民经济命脉的重要行业和关键领域、主要承担重大专项任务的商业类国有企业。不同类型的国有企业，将会有不同的国资监管机制，混合所有股权结构中的国有持股比例要求不同，企业治理机制也有差异。由于现有的国有企业没有明确其具体定位，大多是三类业务混合，因此需要推进国有资本战略性调整来实现企业功能定位和分类，具体需要通过建立以管资本为主的管理体制，利用国有资本投资公司和国有资本运营公司这两类平台实现国有资本合理流动来保证国有企业动态地实现其功能定位。这个过程本身又是与推进混合所有制改革相结合的。在具体监管过程中要针对不同类型企业建立不同的治理机制，在战略规划制定、经营业绩考核、资本运作模式选择、人员选聘制度建设等方面建立不同监督管理机制，从而实施更加精准有效的分类监管。因此，实质推进国有企业改革，必须首先对每家国有企业进行功能定位和类型确定，并向社会公布，这是当前国有企业改革的当务之急。

二　实质推进国有企业改革的基本原则：
整体协同推进

新时期深化国有企业改革是一项复杂的系统工程，实质推进过程中一定要注意各项改革任务和政策措施的协同性。无论是国有企业功能定位和国有经济战略性重组，还是推进混合所有制改革和建立以管资本为主的国有资本管理体制，以及进一步完善现代企业制度，这些改革任务都不是割裂的，在具体推进过程中需要注意其系统性、整体性和协同性。

例如，构建以管资本为主的管理体制，就要注意与国有经济战略性重组、深化垄断行业国有企业改革相协调。以管资本为主加强国资监管，最为关键的改革任务是改组组建国有资本投资、运营公司。这需要通过行政性重组和依托资本市场的兼并重组相结合的手段，将分散于众多各个行业、各个企业的国有资产的产权归为这些国有资本投资、运营公司持有，这也是一个国有资本布局战略性调整的过程。因此，改组组建国有资本投资、运营公司是要与国有企业兼并重组协同推进的。企业兼并重组的意义，一方面在于通过股权运作、价值管理、有序进退等方式，促进资本合理流动和实现保值增值，另一方面也可以通过开展投资融资、产业培育和资本整合等方式，推动产业集聚和转型升级、优化资本布局结构，而这正是改组组建国有资本投资、运营公司的目的所在。现在不断出现一些中央企业重组案例，但没有与改组组建国有资本投资、运营公司相结合，属于单方面推进，将来还会面临再次重组的可能性。不仅如此，在改组组建国有资本运营、投资公司过程中，还需要综合考虑到建立有效市场结构的需要，要注意到改革政策与竞争政策的协同。国有企业在特定行业内的企业数量既不是越少越好，也不是越多越好，否则不是造成垄断就是造成国有企业过度竞争。国有企业兼并重组和国有资本布局调整要有利于形成兼有规模经济和竞争效率的市场结构，有利于化解当前经济运行的突出矛盾——产能过剩问题。

因此，推进国有企业改革的整体协同原则，要求在推出"1＋X"系列国有企业改革政策体系同时，"十三五"时期要根据经济新常态的要求对国有经济布局有一个整体规划，以利于指导国有企业改革的整体协同推进。即使在国资委开展的10项国企改革试点的过程中，各项试点也不应该是对一个企业单向推进。对于试点企业而言，单独只进行某项改革试点，即使说企业绩效得到改善，这种改善实际上也很难说是由于该项改革取得了的效果。因此，每个试点企业都应该是一个综合改革试点。

三　实质推进国有企业改革的基本标志：两个领域突破

在整体协同推进国有企业改革过程中，有两个领域的国有企业改革的突破是至关重要的，一是煤炭、钢铁等产能过剩行业的国有企业改革，二是石油、电信、电力、民航、铁路等具有自然垄断性的行业的国有企业改革。这不仅是因为这两类行业国有企业改革是当前社会关注的重点，更是因为这两类行业国企改革对营造公平的竞争环境、支持新常态下中国经济发展具有重大意义。

对于第一类行业，其改革涉及化解产能过剩、处置"僵尸企业"和国有经济在这些行业的逐步退出等难点和重点问题，这些问题也是供给侧结构性改革的关键任务，能否成功推进，在很大程度上决定了国有经济布局的优化和整体经济结构的转型升级，具有全局战略意义。

对于第二类行业，虽然具有一定自然垄断性，但并不是整个行业都是自然垄断性的，自然垄断性主要体现在行业中网络环节。这些行业的改革，包括除网络环节外整个行业对非国有企业的开放，也涉及这些行业国有企业战略重组和混合所有制改革等，旨在形成自然垄断性行业的主业突出、网络开放、竞争有效的经营格局。这类行业大多是基础性行业，对整体经济效率影响巨大。这些改革能否成功推进，对市场经济公平竞争环境的形成以及下游产业的成本降低等具有决定性的作用。因此，在这两类行业取得突破，是新时期国企改革能否得到实质推进的基本标志，虽然问题复杂和困难巨大，但必须下决心积极推进，否则无法表明新时期中国已实质推进了国有企业改革。

（原文载于《紫光阁》2016年第6期）

第四篇　产业发展新趋势

创新发展：发展观的新突破

　　"十三五"时期是全面建成小康社会的决胜阶段。面对"十三五"时期发展的重要战略机遇和诸多矛盾风险的严峻挑战，以怎样的发展理念指导中国的发展，是一个十分重大的问题，对于能否实现全面建成小康社会的目标至关重要。十八届五中全会通过的《中共中央关于制定国民经济和社会发展第十三个五年规划的建议》提出了必须牢固树立并切实贯彻创新发展、协调发展、绿色发展、开放发展、共享发展的五大发展理念，系统具体地回答了这个问题。尤其是提出，把创新摆在国家发展全局的核心位置，把发展基点放在创新上，这是在坚持科学发展观的基础上进一步对中国发展理念的新突破，形成了创新、协调、绿色、开放和共享"五位一体"的新发展理念体系。

　　创新发展、协调发展、绿色发展、开放发展和共享发展，这是中央面对错综复杂的国际环境和艰巨繁重的国内改革发展稳定的任务，基于对当代国家发展规律把握基础上所提出的发展新理念。当前，中国已成为一个经济总量世界第二、步入工业化后期的发展中大国，面临新工业革命、国际贸易投资秩序重构、产业融合等国际技术经济环境变革，面临发达国家高端挤压和发展中国家低端赶超的竞争压力，面临国内粗放的经济发展方式亟待转变、社会经济发展不可持续不协调问题亟待解决、改革开放动力相对有所减弱、中等收入阶段各种社会经济矛盾日益突出等一系列发展难题，"十三五"时期急需新的发展理念来指导发展方式的转变。

十八届五中全会提出的"十三五"时期的创新、协调、绿色、开放和共享五大发展理念，一是指明了发展的动力源泉来自创新，来自不断推进理论创新、制度创新、科技创新、文化创新等各方面的创新；二是界定了发展的内涵重点，包括城乡区域协调发展、经济社会协调发展、"四化同步"发展、物质文明和精神文明协调发展、经济建设和国防建设融合发展、人与自然和谐发展、中国与世界深度融合的互利合作共同发展等重要内容；三是提出了发展的最终目标是实现全体人民共同富裕、共享发展成果。这"五位一体"的发展新理念体系，一方面继承了以人为本、全面协调可持续发展的科学发展观，另一方面将创新发展摆在了发展的核心位置，把创新发展作为五大理念的首要理念，从而寻找到了"创新"这个发展的动力源泉，这就实现了新时期发展观的新突破。

将创新发展作为"十三五"时期首要发展理念和国家发展的核心位置，是中国发展阶段的基本要求，也是我党对发展规律的科学把握。改革开放以来，中国经济发展迅速，快速地从工业化初期走到了工业化后期阶段。从发展动力角度区分，中国已走过了以生产要素驱动为主的发展阶段和以高储蓄率的投资驱动为主的发展阶段，在科技水平、经济基础、综合国力大幅度提升的同时，原先依靠要素成本优势所驱动、大量投入资源和消耗环境的经济发展方式已难以为继，无论是从现实的可能性还是从理论上的必要性来看，中国都应该转向以创新驱动为主的新发展阶段。而且，无论南美国家陷入"中等收入陷阱"提供的深刻教训，还是第二次世界大战后成功实现转型和跨越的日本、韩国、新加坡等国提供的积极经验，都启示着我们加快推进创新发展的重大意义。

近年来，我党基于对发展规律的科学认识，不断强化创新发展的理念，党的十七大报告指出，建设创新型国家最关键的是要大幅度提高自主创新能力，党的十八大报告正式提出实施创新驱动发展战略，2014 年 6 月 9 日，习近平同志在中国科学院第十七次院士大会、中国工程院第十二次院士大会开幕会上发表重要讲话时，强调坚定不移创新创新再创新、加快创新型国家建设步伐，2015 年 3 月中共中央、国务院印发《关于深化体制机制改革加快实施创新驱动发展战略的若干意见》。这次十八届五中全会又把创新发展作为"十三五"发展的首要理念，更是赋予了创新发展前所未有的重要地位。

但是，真正落实创新发展理念绝非易事，"十三五"时期推进创新发展的关键是创新生态系统的建设和完善。当今世界上创新活动的竞争，不仅是一个企业或一个产业的竞争，而且是一个创新生态系统的竞争。这意味着，创新不仅是寻求科学技术突破的单方面创新，而且涉及科技、经济、文化等各个方面。同样，科技创新体制机制改革并不仅是科技界内部的事情，而且涉及整个社会经济体制改革，包括政府管理体制、货币金融制度、财税制度、土地制度、干部考核制度、产权保护制度、文化体制等各个方面。因此，建立和完善创新生态系统，是能否实现创新发展的核心。十八届五中全会充分认识到这一点，指出让创新贯穿党和国家的一切工作，让创新在全社会蔚然成风，就是旨在形成一个有利于创新的系统环境，尤其是提出要加快形成有利于创新发展的市场环境、产权制度、投融资体系、分配制度、人才培养引进使用机制，深化行政管理体制改革，完善各类国有资产管理体制，建立健全现代财政制度、税收制度、金融监管框架，创新和完善宏观调控方式，全面放开竞争性领域商品和服务价格，这对于完善我国创新生态系统具有重大意义。

从具体创新发展的重大方向看，十八届五中全会提出了包括经济发展新空间、网络强国战略、"互联网＋"行动计划、分享经济、国家大数据战略、重大科技项目、国家实验室、国际大科学计划和大科学工程等众多领域或项目。需要指出的是，十八届五中全会对加快建设制造强国、实施《中国制造二〇二五》和工业强基工程给予高度重视。虽然 2013 年以后中国三次产业中的服务业比例已超过工业，但"十三五"时期工业的重要性并不因为比例下降而降低，因为工业尤其是工业中的制造业是一个国家经济长期稳定发展的关键，制造业不仅是技术创新的主要来源，而且还是技术创新的使用者和传播者，因此，坚持创新发展的理念更要重视发展制造业。中国已从农业大国转为工业大国，进一步实现工业由大向强转变是"十三五"时期经济发展的核心要求，发达国家已纷纷推出了以振兴制造业为核心的"再工业化"，在这种背景下，中国把创新的重要方向放在制造强国建设上，是非常科学英明的决策。

（原文载于《光明日报》2016 年 1 月 17 日 6 版）

全球价值链呈多极化发展新态势

　　自产业革命开拓机器大生产开始，国际分工经历了工业制成品与农矿业的传统产业间分工、工业内部各产业各产品部门的产业内分工，发展到同一产品不同价值链增值环节的产品内分工。20世纪90年代以后，由于产品模块化程度的提升和生产过程可分性增强，以及信息技术、交通技术等"空间压缩"技术带来的交易效率提高和交易成本的下降，因而基于价值链不同工序、环节的产品内分工获得极大的发展，全球价值链分工成为一种主导的国际分工形式。

　　在全球价值链治理中，发达国家跨国公司因为其资金、管理、技术、品牌等方面的优势而可以在全球范围内组织调配资源，从而处于价值链的控制地位和附加值更高的环节，在全球价值链中一般扮演着主导者的角色。联合国贸发会议组织编写的2013年世界投资报告指出，全球价值链中的增加值贸易模式在很大程度上是由跨国公司的投资决定塑造的，而跨国公司大国分布在发达国家。在全球价值链分工格局下，发达国家将大量本国不具备竞争优势的环节（一般多为制造环节，尤其是劳动密集型产品/服务相关活动）离岸外包到发展中国家，而发达国家则从事的多为研发等生产性服务环节，尤其是技术、资本密集型产品/服务相关活动。但是，随着技术革命的加速拓展、业态不断创新和产业日趋融合，尤其是新兴工业化国家不断努力突破在全球价值链中的"低端锁定"，全球价值链逐步呈现出多极化发展的新态势。

一是一些新兴经济体的技术水平快速提升，正在向全球价值链中高端攀升，由传统发达国家垄断全球价值链高端的格局正逐步走向多极化。新兴经济体加入全球价值链后，利用技术外溢效应，会从发达国家跨国公司那里学习到产品技术、工艺技术和组织管理诀窍，再通过加大研发投入，进行消化吸收后再创新，技术水平会得到快速提升。据测算，1996—2009 年，中国出口产品的技术含量增长了 85.7%，印度增长了 106.2%，而美国和日本分别只增长了 52.7% 和 45.6%。随着技术和管理水平的提升，新兴经济体逐步走出主要进行初级产品出口加工的阶段，正在从全球价值链的低端环节向中高端环节攀升，从而打破全球价值链高端由发达国家垄断的格局。

二是面对新一轮技术革命和产业融合趋势，发达国家跨国公司进行重构全球价值链的各种尝试，其全球价值链呈现多极化态势。一方面，由于第三次工业革命由导入期步入了加速拓展期，快速成型（如3D打印机）、工业机器人、新材料、工业控制软件等关键技术正在成熟和产业化，基于这些技术的柔性生产线能够更好地满足市场个性化且快速变化的需求，劳动力低成本优势重要性降低，制造环节附加值加大。于是，一些发达国家跨国公司重新梳理全球价值链，抛弃掉遵循"微笑曲线"将制造环节外包的做法，开始将制造生产线"逆向回流"到本土；另一方面，面对制造业服务化的产业融合趋势，一些制造业跨国公司开始积极推进服务化转型，加大在生产性服务环节的投入，为消费者提供覆盖整个价值链的一体化的解决方案，将生产者驱动的全球价值链与消费者驱动价值链进行混合；此外，还有一些跨国公司逐步认识到许多产业的研发环节与制造环节互动十分关键，如果仅将制造环节转移到发展中国家，那么本土的研发活动将失去创新活力。于是这些跨国公司改变研发环节一定保留在本土的一贯做法，开始在发展中国家设立研发机构，加大在发展中国家的研发投资。

据统计，2010—2011年，全球研发支出最大的1000家公司在印度和中国研发支出的增长达27.2%，远高于北美的9.7%、欧洲的5.4%和日本的2.4%。目前跨国公司在中国设立的研发机构已超过1500家，雇用了超过15万名的科学研究和技术开发人员。发展中国家的研发机构已经成为跨国公司全球创新网络的重要组成部分。

三是发展中经济体企业不断发展壮大，一些企业逐步具有"走出去"主动整合全球价值链的能力，主导全球价值链的力量日趋多极化。据联合国贸发会议组织的统计，发展中经济体的对外直接投资从2000年的2666.44亿美元增加到2013年的7783.72亿美元，占世界的比重从18.84%提高到53.61%。在《财富》世界500强2014年榜单中，来自中国、智利、印度尼西亚、印度、委内瑞拉等16个发展中经济体的跨国公司共139家，占500强数量的27.8%，营业收入和利润分别占到27.10%和24.71%。一些发展中经济体的企业已经不再是仅仅从事全球价值链的生产制造环节，而在传统上由发达国家跨国公司主导的研发环节也表现得十分活跃，日益成为研发全球化的主动参与者。例如，2010年，中国有68家创新型企业在北美、欧洲、日本等发达国家或地区设立了106家海外研发机构。

上述全球价值链呈现出来的多极化的发展新态势，虽然在很大程度上构成了对发达国家跨国公司在全球价值链的主导地位的挑战，但短期内是无法改变发达国家和发展中国家比较优势的差异的，进而还不能彻底改变各国在全球价值链分工中的地位，尤其美国主导的TTIP，正在重构世界贸易投资新秩序，可能会强化发达国家在全球价值链中的高端位置。但是，不可否认的是，发展中国家在全球价值链中将会扮演日益重要的角色。中国目前已经是经济总量第二、制造业总量第一的大国，是世界价值链分工格局中的重要力量，正在努力从全球价值链的低端向中高端迈进，也必然会在全球价值链治理中发挥越来越积极的作用。

（原文载于《人民日报》2016 年 3 月 27 日 5 版）

以产业融合促进城乡发展一体化

改革开放以来，中国推进了快速的工业化进程，在短短的30年时间内，从工业化初期步入工业化后期，中国的基本经济国情已经从一个农业经济大国转变为一个工业经济大国。2014年中国工业增加值达到22.8万亿元，中国制造业产出占世界比重达连续5年保持世界第一大国地位。这一切表明，中国经济实力和综合国力显著增强，已经到了工业反哺农业、城市支持农村的发展阶段，具备了支撑城乡发展一体化的经济技术条件。但是，城乡发展一体化是一个十分复杂的现代化进程，需要顺应发展趋势、把握基本国情、科学制定发展规划、加强体制机制建设。

作为城乡发展一体化的经济驱动机制，构造适应城乡发展一体化的现代产业体系，对于中国这样一个具有二元经济结构的庞大的发展中国家，是一项十分重大的任务。产业融合是现代产业发展和现代产业体系的一个重要特征，在融合产业边界同时，也具有打破区域边界的效应，因此，促进第一、第二、第三产业交叉融合，对于城乡发展一体化具有至关重要的意义。

当今世界，第一、第二、第三产业关系越来越密切，彼此融合与互动发展是大势所趋，制造业服务化、农业六次产业化正在颠覆传统产业分工格局。通过融合发展，加快了农业现代化和制造业的转型升级，同时为服务业提供了更大的发展空间，促进了传统产业体系向现代产业体系的转变，产业融合过程打破了传统产业的技术边界、业务边界、市场边界和运作边界，从而推出新技术、新产品、新商业模式、新企业、新业态，进而实现消费升级、产业结构优化、产业发展和综合竞争力提升，不仅如此，产业融合还有利于突破了区域边界，具有实现区域经济一体化效应。

从城乡一体化角度看，产业融合将加快城市和乡村之间的生产要素和资源的流动和重组，提高城市和乡村之间的联系水平，无论城市还是农村，产业结构逐步趋于多样化、复杂化，扩大了城市区域中心的极化和扩散效应，从而有助于改善区域的空间二元结构。从农业看，农业与工业技术和服务业态的融合，已经成为农业现代化的核心内容。现代农业是产业化大农业，是以现代科技引领第一、第二、第三产业融合、产前产中产后一体化的产业体系；在现代农业的发展过程中，科技水平、金融能力、信息化水平和管理水平缺一不可。通过产业融合，可以把传统农业改造成为具有二产化、三产化（也就是所谓的将农业产业链条延伸到第二、第三产业，形成第一、第二、第三产业相加或者相乘的六次产业化）的隶属于多个产业门类的现代化农业。这种现代化农业就可以支撑现代化农村，从而促进城乡发展一体化格局的形成。

为了以产业融合促进城乡一体化，"十三五"期间及未来应该重视以下几方面工作。

一是规划中调整产业发展的指导思想，强调产业融合和产业质量提升。随着中国三次产业结构趋于合理、各次产业内部产业体系日益完备，中国产业结构调整和产业发展的指导思想应当逐渐由强调增长导向的规模比例关系向强调效率导向的质量能力提升转变，在三次产业关系方面重点通过产业融合促进各次产业协调发展。作为传统弱势产业的农业将吸收通过现代工业化成果和向服务业延伸，不断推进技术创新和组织创新逐步提高自生发展能力，拓展农业的多种功能，包括农产品供给功能、调节气候、净化环境、维持生物多样性等生态服务功能和自然人文综合景观带来的休闲、审美、教育等文化服务功能；作为过去经济增长引擎的工业部门将在现代生产性服务业支撑下进一步突出在国民经济中的创新驱动和高端要素承载功能，以现代高新工业技术"武装"农业和服务业；服务业对经济增长的拉动作用将更加显著，特别重视生产性服务业内部的融合以及生产性服务业与工业和农业的融合，培育和发展战略性的生产性服务业，鼓励产业业态创新，在促进服务业整体生产率的提高的同时，推进第一和第二产业的转型升级。

二是积极推进信息化与工业化、农业现代化渗透融合，利用信息技术改造传统产业，培育城乡第一、第二、第三产业融合的新业态。产业融合的前提是技术融合。由于信息技术具有渗透性、倍增性、网络性和系统性等特征，在信息技术高度发展的今天，产业融合更多地表现为以信息技术为纽带的、产业链的上下游产业的渗透融合。实际上，在第三次工业革命的大背景下，类似"互联网＋"效应正在颠覆或者改变着众多传统产业。第三次工业革命对于我国农业现代化影响也将十分深远，首先，它将极大地促进农业生产全过程的信息感知、智能决策、自动控制和精准管理，推动智能农业的大发展；其次，在移动互联网所提供信息网络支撑环境下，"互联网＋农业"能够加速农业产业链延伸，促进农业多功能开发，助力大众创业、万众创新，促进城乡第一、第二、第三产业融合的"六次产业"新业态；最后，第三次工业革命可以低成本地把现代生产性服务辐射到广大农村，有利于农业适度规模经营和加快农业发展方式的转变，不仅如此，还可以降低城市公共服务辐射广大农村的成本，为文化、教育、卫生等公共稀缺资源的城乡均等化构筑新平台，有利于促进提供跨城乡区域的服务，直接推动城乡发展一体化格局的形成。

三是进一步放松管制，促进来自第二和第三产业的现代生产要素与农业融合。产业融合不仅仅需要技术融合为条件，还需要放松管制为市场融合提供条件。现代农业发展需要更多的资本、更高素质的劳动力和更具流动性的土地等要素。要通过放松管制，降低第二和第三产业资本进入农业的门槛，大力引进工商资本、金融资本等社会资本改造农业。华中师范大学2012年针对214个村庄、3203个农户调查表明，农民对资本下乡评价总体较为积极，45.9%农户给予了积极评价，32.9%保持中立态度，14.7%农户认为破坏了环境，6.5%认为是与农民争利。半数农户愿意出租土地给下乡企业，价格合理条件下绝大多数愿意以拿租金的方式出租土地，半数农民愿意到承包其土地的下乡企业打工（侯江华，2015）。要促进城乡发展一体化，通过放松管制、改革体制机制来鼓励生产要素流动、进而促进第一、第二、第三产业融合是十分必要的，关键这个过程中一定要保障好农民自主权和收益权。

四是加大政策支持力度，积极进行财政、金融、技术支援及制度性引导，培育新型农民和促进农业六次产业化。农业要摆脱完全以生产为中心，要将农产品生产与流通、加工、餐饮、观光等第二、第三产业相互有机融合，要不断拓展自己的价值链，这是农村第一、第二、第三产业融合发展的关键，为此要从基础设施、财政金融政策、技术支援、人才培育、组织管理等各方面进行扶持，尤其是政府要在培育新型农民和农业新型经营主体上下功夫。日本、韩国的农业六次产业化的经验表明，政府的引导和支持作用十分重要，要在其中对人力资源的培育更为关键。随着六次产业的发展，六次产业不仅仅意味着在农村农业与第二、第三产业的融合，同样也可以在城市实现农业与第二、第三产业的融合。这极大地支撑了城乡发展一体化的进程。

（原文载于《光明日报》2015 年 7 月 22 日 15 版，原文发表时有删节）

"十三五"时期的产业发展战略[*]

    从全球来看，在未来5—10年，随着新一轮产业革命的不断拓展，技术突破和业态创新将逐步融合产业边界，全球投资贸易秩序将加速重构，产业内和产品内分工的重要性也将日益突出，服务贸易在全球产业分工中的重要地位将更加突出，服务业甚至研发活动都将呈现深入的产业内垂直分工的特征。从中国来看，目前中国已成为一个工业和贸易大国，是世界产业分工格局中的重要力量，但仍存在产业发展水平低、处于全球分工格局低端等问题，未来有望从全球价值链的低端向中高端升级，并在全球价值链治理中发挥越来越积极的作用。在这种背景下，"十三五"时期中国三次产业发展的定位、方向和政策都将面临重大的变化。

    一、"十三五"时期应对产业结构升级思路进行重大调整：

---

   * 与贺俊研究员合作。

摒弃以往追求产业间数量比例关系优化的指导思想，产业结构调整的主线是提高生产率。

基于一般意义的三次产业结构演进的规律，中国五年规划一般将三次产业产值和就业比例关系作为产业结构优化升级的指标，比如，"十二五"规划提出服务业增加值占比从2010年的43%提高到47%。但世界各国的经验表明，在不同的经济发展阶段并不存在一个严格意义的三次产业数量比例关系，尤其是在当今工业化和信息化融合、制造业和服务业融合、各个产业边界日趋模糊的大趋势下，统计意义的产业规模数量比例指标作为政策导向的意义已经越来越小，寻求最优产业比例关系、进行"产业结构对标"的产业结构升级思路，其合理性和操作性的基础已越来越薄弱。

实际上，产业结构演进升级的本质是生产率高的部门逐步替代生产率低的部门成为主导产业。虽然近年来中国第二产业比较劳动生产率逐步下降、第三产业比较劳动生产率逐步上升，在一定程度上体现了产业结构合理化的演进趋势，但2013年中国第二产业劳动生产率仍高于第三产业劳动生产率，存在第三产业比例上升而整体劳动生产率下降的潜在产业结构的"逆库兹涅茨化"，这在一定程度上被认为是中国经济增速下降的原因。产业结构升级的本质是生产率的提升，不能够仅依靠三次产业的数量比例来判断三次产业结构的合理化和高级化程度，关键是劳动生产率水平的提升。

因此，"十三五"期间，中国三次产业结构优化升级的主题要从强调增长导向的规模比例关系转为强调发展导向的产业融合协调，中国产业发展战略的重点也要从产业数量比例调整转向产业质量能力提升，发展的核心在于提高产业的生产率；为了更好地适应产业融合的趋势，未来的产业政策应逐步突破传统的"产业结构对标"的思路，消除政府对部门间要素流动的扭曲和干预，减少部门垂直管理带来的产业融合障碍，通过促进产业间的技术融合、商业模式融合和政策协调，促进三次产业和各产业内部的协调发展。在具体制定"十三五"规划时，建议不要把三次产业结构产值和就业比例作为产业发展的"应然"目标提出，产业结构数量比例只是一个"实然"变化，重点考核三次产业发展的质量目标，可以用劳动生产率和技术创新指标等来衡量。

二、"十三五"时期应对三次产业的功能定位进行重大调整：在促进三次产业融合协调发展的基础上，通过提高发展能力进一步稳定农业的国民经济基础地位，通过培育工业创新驱动和高端要素承载功能实现从经济增长引擎到可持续发展引擎的定位转变，通过消除体制机制障碍实现服务业进一步拉动经济增长的功能定位。

当今世界，三次产业彼此融合与互动发展是大势所趋，从农业看，农业与工业和服务业的融合已成为农业现代化的核心内容；从工业看，制造业服务化和制造业信息化是工业化国家

"再工业化"的两大趋势，是制造业重获竞争优势、创新驱动经济发展的源泉；从服务业看，只有融合发展，服务业才有更大的发展空间，才能为制造业升级和农业现代化提供强有力的支撑。具体到产业功能定位和战略举措看，为了进一步稳定农业的国民经济基础地位，应转变过去主要通过财政补贴等扶持性的政策措施降低农业生产经营成本的思路，在继续贯彻惠农政策的同时，重点通过转变农业发展方式，扩大农业经营规模，拓展农业多种功能等措施逐步提高农业的发展能力；作为过去经济增长引擎的工业部门，要通过核心能力的构建进一步突出其在国民经济中的创新驱动和高端要素承载功能，逐步由过去的促进经济增长和扩大就业向通过技术创新提高国民经济可持续增长能力和提升全球竞争力转变，发展模式将从标准化、模块化产品向一体化产品转型升级，从简单产品向复杂产品转型升级，由过去粗放的大规模标准化生产和模仿创新向精益化生产和自主创新转变；服务业要通过打破垄断和市场管制、改革投资审批、加强信用制度建设等措施消除体制机制障碍，促进现代服务业跨越发展，从而培育服务业部门对于经济增长的拉动力。

三、"十三五"时期应对产业政策方向进行重大调整：推进产业政策从选择性主导转为功能性主导，产业政策的重心从扶持企业、选择产业转为激励创新、培育市场。

长期以来，中国实施的是选择性产业政策，通过投资审批、目录指导、直接补贴企业等手段直接广泛干预微观经济，以挑选赢家、扭曲价格等途径主导资源配置，这虽然发挥了经济赶超的重要作用，但也扭曲了市场机制。进入"十三五"以后，传统产业投资相对饱和，市场具有高度不确定性，企业需要不断创新寻求新技术、新产品、新业态、新商业模式，此时政府部门难以正确选择"应当"扶持的产业、企业和产品。但这并不意味着不需要政府实施产业政策了，而是产业政策方向需要转型，从选择性产业政策转向功能型产业政策。功能型产业政策是"市场友好型"的，它以"完善市场制度、补充市场不足"为特征，政府的作用是增进市场机能、扩展市场作用范围并在公共领域补充市场的不足。这种调整意味着，今后产业政策手段要从直接干预微观经济行为为主转向通过培育市场机制间接引导市场主体行为，虽然也存在补贴、税收优惠等扶持性企业政策，但扶持对象一般是前沿技术和公共基础技术，并强调研发、技术标准和市场培育的协同推进，多采用事前补贴、而不是事后奖励的方式，补贴规模不大、更多是发挥"带动"作用。

"十三五"期间产业政策的重点应该是两个方面，一是深化要素市场改革，完善要素市场机制。相对于一般商品市场，我国要素市场改革还相对比较滞后，"十三五"期间要大力推进要素市场化改革进程，具体涉及农民工市民化改革，打破基础产业垄断、特别是行政性垄断，提高资本市场配置效率，推进科研体制改革，深化教育体制改革等各个方面；二是优化创新生态、完善创新驱动机制、激励创新行为，我们必须解放思想，对创新行为要给予更大的空间和尽可能的包容。

四、"十三五"时期要对国有经济的产业布局进行重大调整：推进国有经济的产业布局从重化工领域转向高端和新兴制造业、公共服务业等领域，经营业务从整个自然垄断领域集中到具有自然垄断性的网络环节。

从产业布局结构看，在过去的十多年中，由于中国正处于工业化中期阶段，重化工业处于大发展的时期，通过国有经济战略性调整，国有企业大多集中到工业领域，尤其是重化工业领域，在工业领域超过60%的国有资本集中于能源工业（电力、煤炭）和原材料工业（钢铁、有色和建材）。但是"十三五"期间，中国将步入工业化后期，过去十几年中形成的国有经济倚重重化工业布局和规模扩张的发展方式，已无法适应工业化后期的经济新常态的要求。相对于大量国有资本分布在这些重化工领域，与《中国制造2025》相关的高端与新兴制造业领域、与国家"一带一路"战略相关的产业领域、与完善中心城市服务功能相关的基础设施，还有待国有资本的投入。这就要求通过国有经济布局与结构的再调整，积极推进这些重化工领域的部分国有资产逐步退出，转向提供公共服务、发展重要前瞻性战略性产业、保护生态环境、支持科技进步、保障国家安全等领域。

从经营业务结构看，经过多年国有经济战略性调整，在电力、电信、民航、石油天然气、邮政、铁路、市政公共事业等具有自然垄断性的行业中，国有企业占据了绝大多数。应该说，这总体上符合国有经济的功能定位，但是，由于国有企业的经营业务涵盖整个行业的网络环节和非网络环节，从而在一定程度上遏制了有效竞争，影响了社会服务效率。"十三五"期间要推进这些行业的改革和国有经济结构调整，形成主业突出、网络开放、竞争有效的经营格局。将电信基础设施和长距离输油、输气管网从企业剥离出来，以组建独立网络运营企业的方式，通过网络设施平等开放推动可竞争性市场结构构建和公平竞争制度建设，使垄断性行业国有经济成为社会主义市场经济体制更具活力的组成部分。

（原文载于《光明日报》2015 年 7 月 8 日 15 版）

工业现在已不重要了吗

随着中国经济发展进入工业化后期阶段、经济走向"新常态"，尤其是2013年国民经济三次产业比例中服务业首次超过了工业，有的学者因此提出中国进入服务业主导的后工业化社会，于是在工业发展问题上出现一个新观点，认为工业对中国经济发展的重要性大大下降了，工业在中国国民经济的主导地位将让位于服务业。这个观点的流行，使中国工业发展面临着一个日趋严酷的环境，甚至在政府制定"十三五"规划时，都不敢再理直气壮地谈工业发展。那么，工业的重要性真的下降了吗？

首先，统计意义的三次产业分类及其数据，扭曲了一个经济体的最终产出的真实情况，并不能准确反映一个产业的重要性。由于工业生产的"迂回生产"的特性，本属于工业生产过程的中间产出，都被统计为服务业了。从统计意义上，发达经济体服务业占比一般达70%—80%，但如果从最终消费角度划分，经济学家分析的结果是，服务消费和产品消费是"50%—50%"结构，也就是实体经济和服务经济各占50%的比例。对于中国这样的发展中国家而言，服务消费的比例应该还没有到50%。这意味着采用统计意义上的产值比例来判断一个产业对经济发展是否重要，虽直观简便但并不客观全面。

那么什么指标才是决定一个国家经济长期稳定发展呢？2011年来自哈佛大学和MIT的两位教授的一项研究显示，由工业产品复杂性所反映的一国制造能力是能够解释国家长期增长前景的最好的指标，国家间的制造能力差异能够解释国家间收入差异的至少70%。这种从能力视角观察的发现意味着，虽然制造业在国家经济总量中的比重不断下降，但制造业本身所蕴含的生产能力和知识积累却是一国经济长期发展的关键。因此，制造业对于国民经济的意义，不仅仅在于该部门在统计上直接创造了多少经济价值，更体现在它对于国民经济长期增长的驱动作用。这说明，制造业才是强国之本，是重中之重，因此，中国未来竞争力还取决于制造业。

工业何以能够成为经济发展的关键呢？毋庸置疑的是，经济增长的最恒久的动力来自技术创新。而工业，不仅是技术创新的主要来源，还是技术创新的使用者和传播者。从技术创新来源看，工业本身是技术创新最为活跃的部门，无论是技术创新投入，还是研发产出，工业部门都占据了绝大部分。从技术创新使用看，制造业是将技术进步应用于生产的直接的、主要的载体，一项新技术的使用，往往首先要在工业上应用，进而才能真正促进经济的发展。从技术创新传播看，制造业通常通过提供先进材料、工具设备、新知识而成为向其他领域传播技术创新的基地，农业和服务业的技术进步也必须以工业技术创新为基础。实际上，如果科技创新没有达到在工业部门的广泛使用，对经济增长的意义不大，仅仅是一种科技"泡沫"。20世纪末期美国"新经济"之所以破灭，在很大程度上是由于信息技术还没有发展到在制造业广泛使用，更多停留在"技术革命"而非"工业革命"层面。工业部门特别是制造业部门作为技术创新的来源、使用者和传播者，构成了一个国家和地区创新生态系统中的核心环节，创新是在研发部门与制造部门频繁地沟通和互动中才能顺利实现，需要"产业公地"的支撑。因此，国际金融危机后，发达国家开始反思过去大规模的离岸外包和制造业空心化对本国创新能力的损害和创新生态系统的破坏，并纷纷实施"再工业化"战略，试图重振自己的制造业。

对于中国而言，中国现在仅处于工业化后期，还没有实现工业化，因此也不可能进入所谓后工业社会。从经济学视角看，即使实现了工业化，那也只是进入后工业化阶段，后工业化阶段只是工业化实现后的工业化深化阶段，还处于大的工业化进程中，并不意味着工业化进程结束和工业化时代的终结。因此，虽然2013年中国国民生产总值中服务业产值比例超过工业，但未来工业在中国经济发展中的重要地位没有变化。如

果说改变，"十三五"期间及更长的未来，需要改变的是工业
增长方式。在"新常态"下亟待推进工业从规模速度型粗放增
长转向质量效率型集约增长，推进工业发展方式从增量扩能为
主转向以调整存量、做优增量为主，推动工业经济发展动力从
传统增长点转向基于新型工业化和新型城市化战略的新的增
长点。

在这个过程中如何处理好工业和服务业的关系呢？由于服
务业劳动生产率低速增长特征以及中国服务业的低效率，如果
中国过快全面推进经济从工业主导向服务业主导转变，将面临
劳动生产率的加剧衰退的情况，效率失衡问题会突出，经济运
行风险将陡然上升，甚至有可能陷入"中等收入陷阱"。但这
不意味着服务业不需要加快发展，中国服务业发展的战略重点
是加快生产性服务业发展。一方面，推进中国从工业大国向工
业强国转变、促进制造业转型升级，对生产性服务业发展有极
大的牵引需求，进而有利于生产性服务业的发展。另一方面，
促进生产性服务业发展，有利于引领产业向价值链高端提升，
有利于中国制造复杂产品能力的提升。因此，中国应该以加快
生产性服务业发展为战略重点，围绕"做强工业"推进工业和
服务业的协调发展。

（原文载于《人民日报》2015 年 1 月 29 日 7 版）

新常态下工业增长动力机制的重塑[*]

近年来，中国工业面临较大的下行压力，出现了持续减速迹象。工业的持续减速，意味着中国工业发展出现了趋势性变化，正步入中高速增长的新常态。当前，要立足于中央关于经济发展新常态的战略判断，加快转变工业增长方式，着力重塑工业增长动力，推动产业向中高端迈进。

一　我国已进入工业化后期的新阶段

从"十二五"开始，中国经济进入了中高速增长的新阶段，与此相关的工业化从投资驱动向效率驱动稳步转变。我们的有关研究表明，到2010年"十一五"结束，中国开始步入工业化的后期阶段。在新的发展阶段，中国工业经济出现了一

---

　　* 本文与原磊副研究员合作。

些重大变化。

工业潜在产出增长率下降。潜在产出指的是在稳定价格水平下选择可利用的最佳技术路线实现资本和劳动力充分利用时所能达到的产出。决定潜在产出增长率的主要因素有三个：一是资本形成速度，主要由投资增速决定；二是劳动投入增长速度，主要由人口数量和结构的变化决定；三是全要素生产率的变化，主要由技术进步等因素决定。从资本形成看，改革开放以来中国工业资本快速积累，1980—2012年工业资本存量增长了18倍，形成了投资驱动的增长模式。到了今天，这种模式已难以持续，工业将从外延式增长向内涵式增长转变，资本形成速度将会放缓。从劳动投入看，中国人口增速近年来明显放缓，人口结构出现老龄化趋势，农村剩余劳动力数量大幅减少，今后工业部门劳动就业增速将大大降低。从全要素生产率看，随着经济体制改革和工业转型升级，全要素生产率改善对工业增长的贡献将稳步提高，但在短期内难以抵消资本形成和劳动力就业增速放缓的影响，从而导致了工业潜在产出增长率的降低。

工业生产要素禀赋发生显著变化。改革开放后，中国主要依靠劳动力等低成本优势，实现了经济高速增长。近年来，随着劳动力等要素成本逐年攀升，曾对工业增长起关键作用的低成本优势正逐步丧失。但要看到，在传统比较优势削弱的同时，中国工业正在形成新的优势。一是劳动质量得到提升。有研究表明，中国因劳动质量提升引起的劳动力投入年均增长率呈加速趋势，从 1982—1987 年的 0.17% 上升到 1995—2000 年的 1.7%。新世纪以来，随着教育培训投入增加，因劳动质量提升引起的劳动力投入增长率在持续提高。二是资本积累和资本形成加速。目前，中国已跻身对外投资大国行列，非金融类对外直接投资从 2007 年的 187.2 亿美元上升到 2013 年的 901.7 亿美元，年均递增 30%。三是技术水平大幅提升。2013 年，国家知识产权总局共受理发明专利申请 82.5 万件，同比增长 26.3%，连续三年位居全球首位。此外，中国在短短几十年时间里建成现代化交通、通信等基础设施，极大地改善了工业增长的基础条件。

工业化推进方式正在加速转变。一是随着工业化进程不断深入，近年来主要依靠要素投入推动工业发展的动力减弱，技术进步日益成为推动工业发展的主要动力。二是工业对国民经济的支撑作用转向结构升级和效益提升。工业作为技术进步的基础载体，将通过全方位创新不断改造第一产业和第三产业，从而带动整个国民经济的生产组织方式和资源利用方式的改进。三是工业对服务业的带动作用增强。先进制造业是工业和服务业融合发展的结果，是西方发达国家控制全球分工体系的战略制高点。下一阶段，随着中国先进制造业加速发展，工业企业会越来越多地将服务业务外包，逐步形成对生产性服务业的巨大需求，从而带动服务业比重和质量的提升。

二　结构失衡是制约新阶段工业增长的主要矛盾

长期以来，中国工业实现快速增长的同时，也积累了不少结构性矛盾。概括地看，这些矛盾集中体现在产业、需求、财富三个层面上。

产业结构失衡。主要体现在产能过剩与供给不足并存。一方面，大量投资向一些行业集中，造成了严重的产能过剩。如果这个问题得不到及时化解，在微观层面会出现恶性价格竞争、企业效益下滑、企业破产等现象，在宏观层面会加重环境问题，引发系统性经济风险，从而影响经济社会稳定发展。但在另一方面，由于技术水平落后等原因，不少高端生产环节存在严重的产能不足，甚至一些产能严重过剩产业的高端环节，同样依赖进口。例如，芯片产业关系到国家经济安全，但中国芯片90%依赖于进口，每年进口额超过石油。又如，机械工业是决定工业竞争力的基础性行业，但中国在发动机、液压、传动和控制技术等关键零部件生产方面核心技术不足，同样需要进口。

需求结构失衡。主要表现在三大需求比例的不协调。一是工业增长主要靠投资拉动。2002年以来，中国资本形成超过最终消费，成为工业增长的主导拉动力量。2002—2013年，资本形成对国民经济增长的平均贡献率为52.31%，比最终消费高出 7.59 个百分点。工业投资的高速增长带来了投资效益的下降，2013 年中国固定资产投资效果系数仅为 0.15，远远低于 1984 年以来 0.38 的平均值。二是消费需求占比过低。消费需求不足，一方面与居民可支配收入水平低、社会保障体系不完善等因素密切相关，另一方面更重要的是因为需求结构和产业结构不匹配，造成大量消费需求得不到有效满足。三是部分产业的发展高度依赖于外需。改革开放以来，中国工业企业积极参与国际分工，促进了民族产业的振兴。然而，由于长期依靠外需拉动，中国一些外向型产业在发展中高度依赖全球市场，一旦全球市场不景气或者遭遇国外贸易保护政策就会受到巨大冲击，造成工业乃至国民经济波动加剧。

财富结构失衡。经济发展过程实际上是财富创造过程，而现实中存在三种类型的财富。一是劳动财富，指那些需要人类劳动创造的，能够给人类带来某种物质或精神上满足的产品或服务。二是自然财富，指大自然赋予人类的，需要人类保护和修复的，能够为人们的生产和生活提供保障的自然环境和矿产资源等。三是人文财富，指人类生活中自然产生的，或者历史上遗留下来的，给人们带来精神满足的文化、情感、安全等。三种财富均衡发展是一个国家经济可持续发展的必要条件。长期以来，中国工业在快速发展的同时创造了劳动财富，

但却损耗了大量的自然财富和人文财富，以至于大量生产行为徒劳无益，劳动财富增长产生的正效用被自然财富和人文

财富减少带来的负效用所抵消。目前，从劳动财富上看中国已成为世界第二大经济体，但在自然财富和人文财富方面的排名却相对落后。对一个国家来讲，如果三大财富失衡状况长期得不到扭转，必将走向彻底贫穷，即受自然财富和人文财富不足的影响，劳动财富创造能力也会逐步减弱，最终陷入三大财富均贫穷的境地。

三　新常态下推动增长的关键是转换工业动力机制

经济增长实践表明，任何国家都无法依靠一种增长模式实现经济的长期繁荣，在不同的发展阶段需要增长动力的转换。在经济发展新常态下，我们需要重塑工业增长动力机制，推进要素扩张驱动向技术创新驱动转换，不断提高工业经济运行的质量和效益。

完善工业和现代服务业的融合发展机制，提升工业化的"广度"。当工业发展到一定程度之后，继续通过规模经济提高效率变得越来越困难，提高工业效率将更多依赖金融、物流、信息服务等现代服务业的发展。过去工业中很多服务性质的业务更多地留在企业内部，采取非专业化的方式完成，而随着工业化进程的推进，越来越多的服务性质的业务将被分离出来，由专业的生产性服务企业以社会化的方式组织完成，从而大大提高资源利用效率，促进工业效率的提高。在这种调整机制作用下，工业化的继续推进不是带来工业部门比重的继续提高，而是导致第三产业比重的提升，从而推动产业结构的优化升级。完善工业和信息化的深度融合机制，提升工业化的"新度"。当前，在发达国家纷纷"再工业化"的背景下，以制造业的信息化为核心的"第三次工业革命"方兴未艾，其核心特征是制造的网络化、数字化、智能化和个性化。正如"第一次工业革命"成就了美国和德国的经济崛起，"第二次工业革命"实现了日本的制造业赶超，"第三次工业革命"也将改变产业国际竞争的关键资源基础，从而重塑全球产业竞争格局。这对于中国工业发展而言既是机遇又是挑战。中国要抓住制造业信息化的机遇，积极应对新工业革命的挑战，坚持新型工业化道路，借鉴世界先进生产技术和生产模式，将物联网、服务网以及信息物理系统融入制造环境，打造"智慧工厂"，争取在世界制造业生产方式的变革中赢得先机。

完善工艺创新和商业模式创新机制，提升工业化的"精度"。工业发展水平不仅体现在整机生产，更体现在基础零部件生产。长期以来，中国有些产业尤其是装备制造等产业呈现"强整机、弱部件"格局，如工程机械在整机方面，国内企业已做到了世界领先，但关键零部件如发动机、液压件还需要大量进口。造成基础零部件环节薄弱的原因，往往不在于技术本身的高低，而是在于企业长期发展中积累的工艺经验不足，造成制造精度不够。今后，中国工业发展的一个方向是大力发展精密制造技术和特种制造技术，加大对加工制造精度的追求。另外，一国工业在国际分工体系中的地位，不仅取决于制造技术的先进性，而且取决于商业模式的先进性。下一阶段，国家在大力支持企业技术创新的同时，应着力为商业模式创新创造市场环境，尤其是在物联网、大数据等一些新兴领域，尽量避免对企业的创新性行为进行过度限制。

完善基于三大财富平衡理念的产业转型升级机制，提升工业化的"高度"。现阶段，中国应按照三大财富平衡发展的要求，推进工业结构调整，促进产业升级。一是嫁接改造劳动密集型产业。劳动密集型产业往往被等同于低附加值产业，事实上如果采用人文因素和工业文明对其嫁接，劳动密集型产业同样也可以成为高附加值产业。二是优化升级资本密集型产业。加快淘汰落后产能，抑制资本密集型产业的盲目扩张，避免物质财富对自然财富的过度侵蚀。三是大力培育知识密集型产业。目前，相比于东南亚一些国家，中国劳动密集型产业已不具成本优势，但相对于西方发达国家，在中低端的知识密集型产业上成本优势仍然明显，因此是今后推动工业发展的重点支持领域。

（原文载于《求是》2015 年第 3 期）

从新一轮科技和产业革命看培育
供给侧新动能

当今世界正在步入新一轮科技革命拓展期，颠覆性技术不断涌现，产业化进程加速推进，新的产业组织形态和商业模式层出不穷。伴随着新一轮科技和产业革命不断深化，中国的工业化进程也快速地进入工业化后期，经济增长新旧动能正在转换，经济正走向增长中高速、结构中高端的新常态。科学认识新一轮科技和产业革命的特征和影响，努力把握新一轮科技和产业革命的历史性机遇，通过深化改革加快培育供给侧新动能，对促进中国经济发展和现代化进程具有重大意义。

一 新一轮科技和产业革命的基本特征

从历史上看，科技和产业发展的一个重要的表现形式是"革命"。人类历史上曾经发生多次科技和产业革命，学术界大体上有两次到三次科学革命、三次到六次技术和产业革命等不同分类。1983 年美国经济学家佩蕾丝按照技术经济范式转变将自 1771 年以来的技术和产业革命划分为五次，即早期机械时代、蒸汽机与铁路时代、钢铁和电力时代、石油和汽车时代和信息与通信时代。2008 年国际金融危机以后，在发达国家纷纷推进"再工业化"背景下，越来越多的人认为世界已经在经历第一次工业革命带来蒸汽时代、第二次工业革命带来电力时代后，进入第三次工业革命带来的信息时代。而德国人则从工业化阶段入手将信息时代又细分为基于信息技术的自动化阶段和基于信息物理系统（CPS）的智能化阶段，于是有所谓的从工业 1.0 到工业 4.0 的四次工业革命的分类。无论如何划分，大家的共识是，20 世纪下半叶以来，世界一直孕育和发展着以信息化和工业化融合为基本特征的新一轮的科技和产业革命。从技术——经济范式角度分析，这一轮的科技和产业革命至少已呈现出以下特征。

一是以信息技术突破应用为主导驱动社会生产力革命。20 世纪 90 年代以来，计算机芯片处理技术、数据存储技术、网络通信技术和分析计算技术获得巨大突破，以计算机、互联网、移动通信和大数据为主要标志的信息技术、信息产品和信息获取处理方法得到指数级增长，并在社会经济中广泛运用且与实体世界深度融合，由此带来诸如电子商务、智能制造、工业互联网等生产生活方式的革命性变革。与此同时，能源技术、材料技术和生物技术等创新也取得程度不同的突破性进展，以信息技术为核心共同构成了新一代高新技术簇，为社会生产力革命性发展奠定了技术基础。

二是以信息（数据）为核心投入要素提高社会经济运行效率。人类的社会活动与信息（数据）的产生、采集、传输、分析和利用直接相关，随着信息技术的突破发展，云计算、大数据、互联网、物联网、个人电脑、移动终端、可穿戴设备、传感器及各种形式软件等"云网端"信息基础设施的不断完备，相对于以前信息（数据）与其他要素紧密结合，信息（数据）独立流动性日益增强，不仅逐步成为社会生产活动的独立投入产出要素，而且还可以借助信息物理系统（CPS）等大幅度提升边际效率贡献，成为社会经济运行效率和可持续发展的关键决定因素，信息（数据）被认为将会成为决定未来现代化水平的最稀缺的要素，而"云网端"信息基础设施的重要价值也将更为凸显。

三是以智能制造为先导融合构造现代产业体系。制造业可以为其他领域提供通用技术手段，制造业不仅是技术创新的供给方，也是技术创新的需求方，现代产业体系创新发展的主要驱动力来自制造业发展。伴随着芯片技术的突破发展、互联网设施的发展完善、传感器价廉量大的供给、先进制造技术日臻完善，智能制造产业作为新一轮科技和产业革命的先导迅速发展，进一步支持和带动智慧农业、智慧城市、智能交通、智能电网、智能物流和智能家居等各个领域的智能化发展，满足生产者和消费者的智能化、个性化需求。智能制造依靠数据、软件等核心要素投入、以工业互联网为支撑、以电子商务为平台促进了信息与实体的融合，加快了信息技术对传统产业改造，进一步推动了制造业与服务业的融合，三次产业界限日趋模糊，三次产业再融合发展逐步实现转型升级，形成具有更高生产率的现代产业体系。

四是以追求范围经济为导向不断创新社会分工形态。以专业化分工为基础的传统分工强调的是规模经济，大规模流水生产将规模经济发挥到极致。由于数据要素具有更好的资产通用性，以数据为核心要素、"以云网"为基础设施的新一轮科技和产业革命更能发挥范围经济的作用，生产组织和社会分工方式更倾向于社会化、网络化、平台化、扁平化、小微化，大规模定制生产和个性化定制生产将成为主流制造范式，更加适应以消费者为中心的商业模式，企业组织边界日益模糊，基于平台的共享经济和个体创新创业获得巨大的发展空间。

二　新一轮科技和产业革命给我国的机遇与挑战

中国作为发展中大国，新一轮科技和产业革命意味着工业化和信息化的融合，而对发达国家则是再工业化与信息化的融合。新一轮科技和产业革命对于中国工业化进程而言，是一次重大历史性机遇。中国已经步入工业化后期,正处于经济结构转型升级的关键时期,而新一轮科技和产业革命催发了大量的新技术、新产业、新业态和新模式,为中国产业从低端走向中高端奠定了技术经济基础和指明了发展方向,为中国科学制定产业发展战略、加快转型升级、增强发展主动权提供了重要机遇。与以前积贫积弱国情不同,中国综合国力已居世界前列,已经形成了完备的产业体系和庞大的制造基础,成为全球制造业第一大国,具有了抓住这次科技和产业革命历史性机遇的产业基础条件。同时,中国具有规模超大、需求多样的国内市场,也为新一轮科技和产业革命提供了广阔的需求空间。近年来,中国电子商务取得快速发展,增速远远超越其他发达国家,就得益于这样的市场优势。因此,面对新一轮科技和产业革命,中国可以乘势而上,抢抓机遇,推进工业化和信息化的深度融合,实现跨越式发展。

但是,新一轮科技和产业革命对中国也是一次前所未有的严峻挑战。从国际看,新一轮科技和产业革命正在重塑国际产业分工体系和竞争格局,发达工业国积极推进"再工业化"战略,利用其在新一轮科技和产业革命中的先发优势,不断强化其在全球竞争优势和价值链的高端位置,逐步形成对中国劳动力低成本优势替代和产业转型升级高端下压态势,不利于中国经济向全球价值链高端攀升;从国内看,新一轮科技和产业革命加剧了供给侧与需求侧的结构性矛盾,长期以来中国基于低成本数量扩张型工业化战略所积累的生产供给能力已经越来越难以适应消费转型升级的需要，亟待通过创新培育新的供给能力。一方面，新一轮科技和工业革命强调消费者中心，信息化带来的消费革命已经率先发生，中国模仿型、排浪式消费阶段已基本结束，主流消费更注重个性化、安全性、品质、品牌和服务。另一方面，中国经济发展受制于自主创新能力弱，供给能力还不能够满足新一轮科技和产业革命所催生的新技术、新产业、新模式、新业态的发展需要。中国创新能力与发达工业国的差距主要表现在：传统产业中的关键装备、核心零部件和基础软件严重依赖进口和外资企业；新兴技术和产业领域全球竞争的制高点掌控不够，支撑产业升级的技术储备明显不足；创新资源协同运作不畅，技术创新链条在一定程度上存在着断裂脱节问题；企业创新动力不足，中小企业创新能力有待提高，等等。因此，面对新一轮科技和产业革命的挑战，通过供给侧结构性改革提高创新能力、培育新的经济动能就更加急迫和必要。

三　通过深化改革培育供给侧新动能的着力点

在新一轮科技和工业革命的背景下，随着中国人口红利快速消失、企业制造成本不断上升、资本边际回报逐步下降，中国经济增长主要动能只能是技术创新，而供给侧结构性改革的核心在于提高技术创新能力。因此，培育供给侧新动能的关键在于通过深化供给侧结构性改革，提高顺应新一轮科技和工业革命趋势的技术创新能力，加速推动传统产业改造和新兴产业发展。

一是完善技术创新生态，提高技术创新能力。一个国家技术创新能力的提升，不仅需要研发资金和人才投入等要素数量的增加，更重要的是创新要素之间、创新要素与系统、系统与环境之间动态关系优化，即整个创新生态系统的改善。当务之急是深化供给侧结构性改革，打破体制机制约束，顺应新一轮科技和工业革命的趋势，构建新型创新平台，提高创新生态系统开放协同性，形成开放合作的创新网络和形式多样的创新共同体，改善中小企业创新的"生态位"，进一步完善"大众创业、万众创新"的环境。

二是构建科学的政策机制，落实"中国制造2025"和"互联网＋"战略。面对新一轮科技和工业革命，中国已经提出了"中国制造2025"和"互联网＋"战略，规划了中国制造的"五大工程""十大领域"和"互联网＋"的"11项行动计划"，当前应该构建科学的政策机制并积极贯彻落实。在实施中要注意正确处理产业政策和竞争政策的关系，切实把握好产业政策实施力度，既要发挥好产业政策的扶持、引导和推动作用，又要避免落入政府大包大揽、急功近利的强选择性产业政策窠臼。在推进方向上，既要重视智能制造、绿色制造、高端制造等新技术新产业以及各种新商业模式本身的发展，还要重视新技术、新业态和新模式在传统产业领域的应用推广。

三是加强制度创新和人力资本培育，加大"云网端"基础设施投资。面对新一轮科技和产业革命日新月异的发展，无论是思想观念，还是人才结构，无论是管理制度，还是基础设施，中国都存在全面不适应的问题。一方面，要深化教育、科技和行政管理体制改革，提倡"工匠精神"，完善人才激励制度，优化人才结构，大力实施知识产权和标准战略，强化无形资产保护，提升中国顺应新一轮科技和工业革命、培育经济增长新动能的"软实力"；另一方面，加快推进大数据、云技术、超级宽带、能源互联网、智能电网、工业互联网等各种信息基础设施的投资，弥补中国智能基础设施发展的"短板"，提升中国顺应新一轮科技和工业革命、培育经济增长新动能的"硬实力"。

（原文载于《人民日报》2016 年 5 月 23 日 15 版）

中国制造当积极应对"双端挤压"

英国《金融时报》日前披露的一份研究报告称，未来10年里，全球供应链性质的改变将重塑全球贸易格局。报告特别指出，鉴于中国在全球供应链中的主导地位，中国制造业格局的改变可能会对全球制造业产生巨大的影响。外媒的观察说明，中国制造业的转型升级，对全球供应链和价值链的重组也具有深远意义。

从国际分工角度看，后发国家的制造业转型与发展的关键，是要解决如何实现从价值链低端向中高端攀升的问题。改革开放以来，中国制造业抓住了全球化带来的机遇，积极融入全球分工体系，由自给自足的封闭经济，逐步向利用国内外两个市场、国内外两种资源的开放型经济转变，中国制造业也呈现出从全球价值链低端向中高端攀升的趋势。

从工业出口结构看，2013年中国机电产品和高新技术产品出口值分别比2012年同期增长7.3%和9.8%，远远高于全国工业品出口值5%的增长率。随着中国国内市场规模不断增大，内部分工体系逐步形成，技术创新能力也在不断增强，中国与新兴市场的交流和合作不断深化，这为中国制造业向全球价值链的高端攀升提供了很好的条件和机遇。

但在攀升过程中，我们将同时面临发达国家的高端挤压和新兴经济体的低端挤压，中国制造业必须打造应对"双端挤压"格局的强健体魄。一方面，国际金融危机以后，发达国家开始反思"制造业空心化"，纷纷推进"再工业化"战略，并以制造业信息化和制造业服务化为核心，制定各类制造业发展战略和规划。美国提出"先进制造业国家战略计划"、德国提出"工业4.0"，试图在"第三次工业革命"中牢牢占据制造业高端，对中国制造业形成高压态势。

另一方面，快速崛起的新兴经济体将以相对低廉的成本优势，实现对中国制造的替代。泰国的制造业劳动生产率与中国大致相当，但人均工资水平却显著低于中国；越南、印度和印度尼西亚的制造业劳动生产率和平均工资均低于中国。随着这些国家的经济发展，其制造业区位吸引力会快速提升。今年还有跨国公司关闭在中国大陆的工厂，如微软关停诺基亚在东莞和北京的工厂，另一方面有的长期做代工的国内生产企业倒闭，如知名手机零部件代工厂苏州联建科技等。一定程度上反映了中国制造业面临的"双端挤压"困局。

对此，中国制造业应该做好三方面应对。在思想方面，我们需要认识到，这种"双端挤压"格局是中国作为发展中大国所必须面对的，是一个制造业大国必须经历的"成长之痛"，也是促使中国从工业大国向工业强国转变的动力。而且，"双端挤压"格局不可能短期内突破，应做好在这样的格局中进行长期竞争的思想准备。

在战略方面，中国需要有自己的制造业发展国家规划。这个规划需要具有全局性、系统性、前瞻性、长期性和国际竞争性，其本质是一个建设工业强国的国家规划。中国新推出《中国制造2025》的重大意义正在于此。

在措施方面，中国要根据已成为制造业大国的国情，紧紧把握当今世界制造业信息化和制造业服务化的两大工业化趋势，从技术创新生态系统建设入手，不断深化体制机制改革，努力培养提升中国制造业的核心能力。基于产品构架视角，中国制造业产品现在大多是简单的模块化产品，未来应该努力培育出生产复杂的一体化产品的能力。后者将是未来一国制造业发展的核心，也是一国经济长期稳定发展的关键。

（原文载于《人民日报》2015年6月25日5版）

以智能制造为先导构建现代产业新体系

国家"十三五"规划提出，要围绕结构深度调整、振兴实体经济，通过推进供给侧结构性改革，培育壮大新兴产业，改造提升传统产业，来加快构建现代产业新体系。现代产业体系是一个国家经济现代化的核心支撑，国家经济现代化的重要标志之一是产业结构高级化，努力构建现代要素显著的产业结构，是一个国家经济现代化战略和产业政策的重要目标。

传统发展经济学认为，伴随着工业化进程的推进，存在一个产业体系中三次产业依次主导的高级化过程，现代产业结构往往表现为现代服务业主导、占比可以达到70%的产业结构。但是，在新一轮科技和产业革命背景下，工业化和信息化深度融合，三次产业边界日趋模糊，新技术、新产品、新业态、新模式不断涌现，现代产业体系的内涵正在发生变化，统计意义的三次产业结构数量比例关系越来越难以度量产业体系的现代化程度。随着信息技术的突破发展，云计算、大数据、互联网、物联网、个人电脑、移动终端、可穿戴设备、传感器及各种形式软件等"云网端"信息基础设施的不断完备，信息（数据）逐步成为社会生产活动的独立投入产出要素，对社会经济运行效率和可持续发展发挥着关键作用。信息（数据）要素就成为产业体系的核心现代要素，产业体系的现代化程度主要表现为信息（数据）作为核心投入对各传统产业的改造程度以及新兴产业的发展程度，从度量的经济指标看，则主要表现为由于信息（数据）要素投入而导致的产业边际效率改善和劳动生产率提升程度。随着信息（数据）作为核心要素的不断投入，在计算机、互联网和物联网（或者说是物理信息系统）技术的支持下，现代产业体系正沿着数字化、网络化、智能化的发展主线不断演进，现代产业体系的最终方向是智能化，并进一步支持了整个社会向智能化方向转型。

要构建以智能化为方向的现代产业新体系，必须首先从战略方向上明确哪个产业是先导产业，进而在先导产业带动下，推进整个产业体系的现代化。虽然中国得益于规模超大、需求多样的国内市场，近年来电子商务率先取得跨越式发展，但是，现代产业体系的先导产业不是电子商务，而是智能制造。智能制造可以理解为依靠数据和软件等核心要素投入，以物联网为支撑，实现从设计制造、使用维修、回收利用全生命周期过程的高效化、绿色化、社会化、个性化的制造过程，可以包括智能产品、智能生产、智能服务和智能回收等几方面内容。

智能制造之所以成为构建现代产业体系的先导产业，至少有两方面原因。一方面，伴随着芯片技术的突破发展、互联网设施的发展完善、传感器价廉量大的供给、先进制造技术不断创新，智能制造产业作为新一轮科技和产业革命的先导正在迅速发展，成为现代产业体系中发展潜力巨大的行业；另一方面，制造业可以为其他产业提供通用技术手段，制造业不仅是技术创新的需求方，也是技术创新的供给方，现代产业体系的创新发展主要驱动力来自制造业发展。智能制造的发展可以进一步支持和带动智慧农业、智慧城市、智能交通、智能电网、智能物流和智能家居等各个领域的智能化发展，满足生产者和消费者的智能化、个性化需求。而且，没有智能制造的发展支撑，新业态、新商业模式也将成为空中楼阁。正因为如此，无论是德国工业4.0，还是美国提出的先进制造业国家战略计划，都是把智能制造作为主攻方向。对于中国而言，智能制造也是《中国制造2025》的核心、中国制造强国建设的关键。未来的制造强国一定是一个智能制造强国。所以，未来中国应该以智能制造为先导，大力推进现代产业新体系的构建和优化。在具体推进过程中要着重把握以下几方面政策方向。

一是构建顺应智能化趋势的产业融合发展新体系。在新一轮科技和产业革命的背景下，智能制造的发展能加快信息技术对传统产业改造，进一步推动了制造业与服务业的融合，三次产业再融合发展逐步实现转型升级，促进了具有更高生产率的现代产业体系的形成。为此，要深化体制机制改革，调整产业发展的指导思想，由强调增长导向的规模比例关系向强调效率导向的产业融合和产业质量能力提升转变。要打破政府主管部门界限，突破只站在本部门角度思考产业发展的思维定式，鼓励生产要素和资源跨部门流动，以智能制造发展和打造智能制造体系为先导，促进农业向智慧农业转型和向服务业延伸，以服务智慧城市建设和智能制造发展为目标推动服务业尤其是生产性服务业大发展，培育城乡第一、第二、第三产业融合的新业态。

二是探索符合中国国情的智能制造发展新战略。中国已经步入工业化后期，与以前积贫积弱国情不同，中国综合国力已居世界前列，形成了完备的产业体系和庞大的制造基础，成为全球制造业第一大国。但是，中国制造业大而不强，相对于世界主要工业发达国家而言，中国的制造业智能化发展还相对落后。总体上中国制造业处于机械化、电气化、自动化和信息化并存的阶段，不同地区、不同行业和不同企业的智能化发展水平差异较大。中国智能制造发展还面临许多突出问题，主要有感知、控制、决策和执行等核心环节的关键技术设备还受制于人，智能制造的标准、软件、网络和信息安全的基础还十分薄弱，各类智能制造管理模式还亟待培育推广，智能化集成应用领域非常有限，等等。因此，中国需要探索自己的智能制造发展战略，这个战略既要符合自己的制造业国情、又充分考虑到国际竞争环境和智能制造发展趋势。

　　三是借鉴"母工厂"做法培育智能制造新组织。"母工厂"是日本制造企业集团在日本本土设置的技术水平和管理水平最高的工厂,这些工厂不是仅仅从事生产的普通工厂,而是承担着开发试制、技术支援、先进制造技术应用和满足高端市场需求功能的战略单元,是国外子公司依托的国内技术创新种子基地。智能制造具有技术集成特性和工程密集特性,需要一批能够明确提出先进制造系统技术条件和工艺需求、具备与先进制造技术相适应的现代生产管理方法和技能的"现代核心工厂",它是智能制造技术在企业组织层面进行应用、互动和持续改善的平台。而这恰恰就是日本的"母工厂"的定位功能。因此,中国需要借鉴日本"母工厂"做法,培育智能制造的"现代核心工厂",奠定智能制造体系建设的高效工厂组织基础。

（原文载于《光明日报》2016 年 6 月 8 日 15 版）

以智能制造引领新经济发展

当前中国步入工业化后期阶段，面临经济结构转型升级的艰巨任务和经济下行的巨大压力，但庆幸的是中国赶上了新一轮科技和产业革命驱动的新经济蓬勃发展的历史机遇。如果说发达国家发展新经济的本质是信息化与"再工业化"的深度融合，那么对于中国而言，发展新经济则意味着是工业化和信息化的深度融合，是工业化进程的进一步推进、经济结构转型升级的内在要求。智能制造作为信息化和工业化深度融合的集中体现，对于传统工业化动能减弱、新旧经济增长动能亟待转换的现阶段中国而言，具有十分重要的意义。

一　对智能制造的基本认识

面对中国是工业大国但不是工业强国的基本经济国情，以及国际金融危机后美、德、日、英、法等发达国家纷纷提出制造业振兴规划的国际背景，2015 年中国出台了《中国制造2025》。制造业是立国之本、强国之基、兴国之器。"中国制造2025"的意义不能仅从一个产业规划视角来理解，更应该从未来中国经济可持续增长的动力蓝图来看待。"中国制造2025"提出，要以加快新一代信息技术与制造业深度融合为主线，以推进智能制造为主攻方向，促进产业转型升级，把中国建设成为一个引领世界制造业发展的制造强国。在经济增长的动力蓝图中，智能制造是作为一个主攻方向提出的，可以看出其地位十分重要。

所谓智能制造，直观地讲，就是基于人工智能技术与制造技术集成而形成的满足优化目标的制造系统或者模式。在智能制造一开始提出时，内容相对狭义，优化目标也相对具体，但随着新的制造模式不断出现和信息技术不断发展，智能制造的内涵已经逐步广义化。从技术基础看，已经从单纯人工智能发展到包括大数据、物联网、云计算等在内的新一代信息技术；从制造过程看，已经从单纯的生产加工环节扩展到产品的全生命周期；从制造系统的层次看，已从制造装备单元扩展到包括车间、企业、供应链在内的整个制造生态系统；从优化目标看，从最初实现在没有人工干预情况下实现小批生产，发展到满足消费者个性化需求、实现优化决策、提高生产灵活性、提高生产效率和资源利用率、提高产品质量、缩短制造周期、体现环境友好等一系列目标。因此，现在的智能制造，已经被广义的理解为基于大数据、物联网等新一代信息技术与制造技术的集成，能自主性的动态适应制造环境变化，实现从产品设计制造到回收再利用的全生命周期的高效化、优质化、绿色化、网络化、个性化等优化目标的制造系统或者模式，具体包括智能产品、智能生产、智能服务和智能回收等广泛内容。

智能制造的实现，关键是依靠新一代信息技术系统的技术支持。现在比较公认的智能制造技术基础是信息—物理系统（CPS），或称为虚拟—实体系统。通俗地说，这是一个可以将工业实体世界中的机器、物料、工艺、人等通过互联网与虚拟世界中的各类信息系统有效连接的网络空间系统，该系统通过对实体世界工业数据的全面深度感知、实时动态传输与高级建模分析，实现网络信息系统和实体空间的深度融合、实时交互、互相耦合、互相更新，从而形成智能决策与控制，最终驱动整个制造业的智能化发展。这个系统在德国工业 4.0 中被称为 CPS，而在美国的产业界则被称为工业互联网。在美国产业界看来，工业互联网是互联网在工业所有领域、工业整个价值链中的融合集成应用，是支撑智能制造的关键综合信息基础设施。有了这个系统就可以实现制造过程自组织、自协调、自决策的自主适应环境变化的智慧特性，进而满足高复杂性、高质量、低成本、低消耗、低污染、多品种等以前传统制造模式认为相互矛盾、不可能同时实现的一系列优化目标。

经济学研究表明，一国经济的国际竞争力和长期稳定增长的关键是制造复杂产品的能力，而智能制造是制造业的转型升级制高点，代表着未来制造业发展的方向和经济结构高级化的趋势，决定着一个国家制造复杂产品的能力大小，因此，智能制造已成为当今世界各国技术创新和经济发展竞争的焦点，发达国家以智能制造引领"再工业化"战略，中国则将智能制造作为《中国制造2025》的主攻方向。当然，中国智能制造的总体水平与世界制造强国相比还相差比较大，但智能制造是一个应用广泛的体系，包括从工艺、产品、企业、产业链到整个社会的各个层面，中国通过科学规划、努力创新，是可以逐步实现从点到线、从线到面、从面到体的突破，最终建设成为制造强国。

二　智能制造与新经济的关系

当今世界正在步入新一轮科技革命拓展期，颠覆性技术不断涌现，产业化进程加速推进，新的产业组织形态和商业模式层出不穷，从而经济增长的新要素、新动力和新模式不断涌现，于是所谓"新经济"浮出水面。"新经济"这个词本身并不新，在20世纪90年代末至21世纪初美国出现了一段在信息技术和全球化驱动下呈现高增长、低通胀、低失业率、低财政赤字等特征的经济发展时期，被认为是"新经济"。但2000年下半年以后，以互联网技术和金融主导的"新经济"泡沫最终破灭。其根本原因是没有把互联网这种技术和制造业结合在一起。离开制造业，仅仅停留在科技发明和金融追逐而衍生出来的经济大多都会成为泡沫。如果说在 20 世纪末美国提"新经济"还为时过早，现在由于信息技术的突飞猛进使得信息技术成本大幅度降低、信息技术已与制造业逐步融合并广泛地应用、改变着社会经济生活，现在提"新经济"则是水到渠成。

现在的新经济，其本质是由于新一轮科技和产业革命带动新的生产、交换、消费、分配活动，这些活动表现为人类生产方式进步和经济结构变迁、新经济模式对旧经济模式的替代。新经济对经济增长的促进作用至少表现在三个方面，一是由于信息（数据）独立流动性日益增强而逐步成为社会生产活动的独立、核心的投入产出要素，进而增加了信息边际效率贡献；二是以"云网端"为代表的新的信息基础设施投资对经济增长的拉动；三是生产组织和社会分工方式更倾向于社会化、网络化、平台化、扁平化、小微化，从而适应消费者个性化需求，进一步拓展了范围经济作用。在当前中国经济下行压力较大、产业结构分化、经济增长动能亟待转换的背景下，大力发展新经济既是积极应对新产业革命挑战的战略选择，也是中国通过供给侧结构性改革优化资源配置的战略要求。

智能制造，作为信息化和制造业深度融合的集中体现，无论是智能产品、智能工厂、智能制造企业还是智能制造的生态链，都构成了新经济的重要组成部分，智能制造产业作为新一轮科技和产业革命的先导正在迅速发展，成为现代产业体系中发展潜力巨大的行业。更为重要的是，新经济的发展主要依赖智能制造提供技术源泉和装备基础，新经济的三个增长源泉，无论是作为新生产要素的数据的投入，还是新的信息基础设施的投资拉动，以及新的经济分工协作模式的产生发展，都离不开智能制造的支撑。没有智能制造的发展支撑，新业态、新商业模式也都将成为空中楼阁。智能制造的发展，一方面会拉动新材料、信息通信等各个领域的技术创新和产业发展，另一方面智能制造的发展又进一步驱动各个新兴产业成长和传统产业变革，满足生产者和消费者的智能化、个性化需求，推动智慧农业、智慧城市、智能交通、智能电网、智能物流和智能家居等各个社会经济领域的智能化发展。当然，新经济的快速发展，也会给制造提供更大的需求空间和更广阔的应用前景。

三　以智能制造引领新经济发展的关键

得益于巨大的市场潜力，近些年中国的电子商务飞速发展，但发展新经济决不能仅仅满足于零售服务业与互联网的融合阶段。互联网发展大体可以划分为信息门户网站主导、电子商务主导、工业互联网主导三大阶段，中国正处于电子商务主导的阶段。但是，电子商务发展的"风口"正在过去，互联网未来发展的方向是工业互联网。而工业互联网是制造业与互联网深度融合的表现，其所支持的正是智能制造。因此，从互联网的发展趋势看，新经济的未来发展应该更多地依靠智能制造的引领。

一是突出战略引导。2015 年中国推出的"中国制造 2025"战略和"互联网＋"行动计划是中国努力抓住新一轮科技和产业革命机遇、大力发展新经济、培育经济增长新动能的核心战略。"中国制造 2025"战略旨在通过工业化和信息化融合的手段、加快发展新一代信息技术等十大领域来实现建设制造强国的目标，"互联网＋"行动计划是把互联网的创新成果与 11 个经济社会领域深度融合，以形成更广泛的以互联网为基础设施和创新要素的经济社会发展新形态。两大战略的共同重点就是推进制造业与互联网的深度融合，推进智能制造。未来如何以科学的实施机制和战略步骤落实这两大国家战略，是智能制造引领新经济发展的关键任务。

二是强化创新驱动。智能制造水平是一国制造能力的核心体现，是衡量制造强国建设进展的一个重要的指标。而决定智能制造水平的关键是制造业的创新能力。在智能制造领域，当前中国制造业创新能力与世界工业强国差距还很大，一些工业互联网领域的核心技术，包括工业无线技术、标准及其产业化，关键数据技术和安全技术等，都还有待突破，工业互联网核心软硬件支持能力都还不够。中国总体制造业技术水平还处于由电气化向数字化迈进的阶段，而智能制造引领的是由数字化向智能化发展。按照德国工业 4.0 的划分，如果说发达工业国智能制造推进的是由工业 3.0 向工业 4.0 的发展，而中国智能制造需要的是工业 2.0、3.0 和 4.0 的同步推进。这一方面要求结合中国国情推进智能制造，另一方面也要求我们更加强化创新驱动，实现创新能力的赶超。

三是完善制度环境。推进以智能制造引领新经济的增长，一方面要推动互联网企业逐步向制造业的渗透，另一方面是要推动制造企业的互联网化。而当前中国制造业创新发展的整体制度环境还有待完善，经济"脱实向虚"问题还比较突出，没有形成人力、资金等要素资源进入制造业的有效激励机制。麦肯锡最近一份针对中国 3500 家上市公司和美国 7000 家上市公司的比较研究表明，中国的经济利润 80% 由金融企业拿走，而美国的经济利润只有 20% 归金融企业。这意味着，作为创新源泉的制造业的付出与其回报很不相称。因此要通过供给侧结构性改革，建立和完善有利于制造业创新发展、推进智能制造的制度环境，保证企业有意愿也有能力投入到以智能制造引领新经济发展的战场中。

（原文载于《经济日报》2016 年 10 月 13 日 14 版，题目为"以智能制造作为新经济主攻方向"）

构建绿色制造体系的着力点 *

　　《中共中央关于制定国民经济和社会发展第十三个五年规划的建议》将"绿色发展"作为一大发展理念提出并在全文中一以贯之，不仅提出加快建设制造强国，实施《中国制造2025》，而且还具体要求"支持绿色清洁生产，推进传统制造业绿色改造，推动建立绿色低碳循环发展产业体系"。《中国制造2025》将绿色发展列入了五大基本方针和五大重点工程。推进绿色制造体系建设将是"十三五"时期及更远的未来的重大任务。

　　绿色制造要求在保证产品的功能、质量的前提下，综合考虑环境影响和资源效率，通过开展技术创新及系统优化，将绿色设计、绿色技术和工艺、绿色生产、绿色管理、绿色供应链、绿色就业贯穿于产品全生命周期中，实现环境影响最小、

---

　　* 本文与杨丹辉研究员合作。

资源能源利用率最高，获得经济效益、生态效益和社会效益协调优化。《中国制造2025》提出了构建绿色制造体系的一系列具体内容。包括，开发绿色产品，建设绿色工厂，发展绿色园区，打造绿色供应链，壮大绿色企业，强化绿色监管。改革开放以来，中国制造业发展取得了举世瞩目的巨大成就，已成为世界第一制造大国和第一货物贸易国，然而，以"高投入、高消耗、高污染、低质量、低效益、低产出"的增长模式在较长时期内主导工业发展，资源浪费、环境恶化、结构失衡等问题突出。当前，在经济新常态下，中国进入工业化后期，制造业仍有广阔的市场空间，同时也面临新工业革命以及工业4.0时代新一轮全球竞争的挑战。后国际金融危机时代，发达国家倡导"低碳发展"的理念，推动绿色经济发展。在这种大的国际国内背景下，"十三五"时期大力发展绿色制造具有重大意义，不仅是新型工业化、推动中国制造由大转强的重要要求，而且是加快经济结构调整、转变发展方式的重要途径，同时也是应对全球低碳竞争的重要举措，是保障中国能源和资源安全的重要手段。

近年来，国家和地方政府相继出台了一批鼓励引导绿色低碳发展的政策措施，绿色技术创新及产业化步伐提速，绿色园区建设加快，企业绿色供应链应用取得积极进展。但是，总体而言，现阶段中国绿色制造体系建设情况还与国外差距较大，尤其是绿色制造技术水平低仍是制约绿色制造最突出的短板。

这集中表现为绿色制造技术研发创新活动部分零散，平台式、体系化、集成化技术创新明显滞后，而这种研发状况直接制约了绿色制造技术的产业化应用，阻碍了绿色产业体系的整体发育。除了基础科学技术等方面的差距之外，导致绿色制造发展不足还有理念和体制机制等方面的原因。由于不少绿色产品与消费理念、生活方式密切相关，而中国的现代化水平决定了现阶段绿色创新活动缺乏引领生产消费方式变革的先导性、革命性意识和能力，人才储备不足也是导致绿色制造发展不足的重要原因。另外，由于部分绿色技术和产品的"绿色程度"难以量化，缺少持续的基础数据和足够的公开信息支持，导致绿色标准和标识制定认证困难，影响绿色设计、绿色产品推广、绿色评价等工作开展，不利于绿色制造体系构建。

"十三五"时期积极构建绿色制造体系，与单纯节能减排的强制性约束不同，更宜采取以正向激励为导向的政策思路，政策着力点要放在理念转变、技术支持、标准完善等方面，实施方式应以鼓励和引导为主，具体应该从以下几个方面进行着力。

第一，加快核心关键技术研发，实现绿色制造技术群体性突破。加紧制定重点领域绿色制造技术路线图，重点研发新能源和资源集约利用、污染生态系统修复、污染物健康危害评测与预防、人工化学品控制等技术；鼓励企业研发使用高性能洁净成形技术、精确塑性成形技术、优质高效连续技术、精确热处理技术、优质高效改性技术、涂层技术、快速成形技术和再制造技术，使生产过程的能量和原材料消耗显著下降，排放显著降低；基于绿色技术具有跨行业、跨专业的特点，建立生物、材料、能源、资源环境等多个领域的绿色技术公共平台，吸引科研院所、大学和研究型企业参与，提高技术集成能力和推广应用效率；完善专利保护、知识产权市场交易体系，提升绿色技术研发与企业之间的利益结合度；改进技术引进质量和吸收能力，密切追踪国外绿色关键技术的发展动向，评估其技术前景，指导和管理技术引进；完善公共信息服务体系，为相关企业实现绿色转型提供技术选择、技术发展趋势和产品市场前景的咨询服务。

第二，深入推进工业结构调整，构建绿色工业体系。继续按照"等量置换"或"减量置换"的原则，进一步淘汰电力、钢铁、焦化、建材、电石、有色金属等行业的落后产能；通过结构调整，对传统产业进行绿色改造升级。应以技术升级改造和淘汰落后为切入点，推进企业兼并重组，打通传统产业与绿色技术之间的通道，逐步将绿色技术、绿色工艺渗透到传统产业的各个环节；大力发展绿色新兴产业，培育新的绿色增长点。依托《中国制造2025》，将规划重点领域作为加快工业绿色转型的突破口。同时，深入研究绿色产业的发展规律和市场化前景，创造适合绿色产业发展的商业模式，加快新型绿色产品产业化。

第三，借鉴国际经验，完善绿色制造技术标准与管理规范。尽快建立绿色技术、绿色设计、绿色产品的行业标准和管理规范。对现行标准进行全面清查和评价，按照绿色和可持续的原则，对原有标准进行补充修订，加快推进新技术、新产品的标准制定，并严格实行标准管理。积极参与并主导绿色国际标准的制定，推动中国绿色标准国际化。

第四，鼓励金融机构创新产品，加大对绿色制造资金支持。引导国内外各类金融机构参与绿色制造体系建设，鼓励金融机构为企业绿色转型和低碳改造提供适用的金融信贷产品，积极利用风险资金、私募基金等新型融资手段，探索建立适合产业绿色发展的风险投资市场。中央和地方财政要加大对资质好、管理规范的中小企业信用担保机构的支持力度，鼓励银行、担保机构等为中小企业绿色创新与低碳转型提供便捷、优惠的担保服务和信贷支持。

第五，大力发展绿色运输，推动绿色物流发展。根据中国国情，通过多式联运、共同配送和信息网络等方式实现运输环节的绿色化；建立绿色仓储体系，合理规划仓储布局，实现仓储设施绿色化利用；规范绿色包装，推进包装材料和包装形式的绿色化；鼓励绿色回收，回收产品设计要符合快速拆卸的要求，引导有实力的企业从事回收技术的专项研发，建立相关的拆卸和回收生产线，建立针对主要用户市场的回收基地。同时，扶持专业回收机构和公司的发展，提供专业化综合利用服务，提高回收利用的范围和比率。

第六，启动政府绿色采购工程，引导绿色消费行为。完善《政府采购法》，实施政府绿色采购工程，借鉴发达国家经验，将绿色标识作为制定绿色采购产品目录和指南的基础依据，分行业、分产品制定并发布绿色采购标准和清单，对政府实行绿色采购的责任和义务、奖励和惩罚予以明确规定，带动消费者树立绿色消费的信心。在此基础上，开展多层次、多形式的宣传教育，引导企业将绿色营销与产品战略相结合，在宣传新上市的绿色产品时引导消费者形成绿色消费习惯。

第七，充分发挥行业协会的作用，促进企业绿色经营管理创新。各行业协（商）会要充分发挥桥梁和纽带作用，在政府相关部门指导下，深入调研行业绿色转型的资金需求、技术条件和体制障碍，全面评估行业绿色转型的成本与收益，及时反映企业的政策诉求，为政府决策提供依据；利用政府补贴等财政手段，支持企业加大技术创新、节能减排、清洁生产、资源综合利用和环境保护等方面的自主投入，激发企业绿色发展潜力，促进企业绿色经营管理创新；加强企业与环境监管部门合作，环境监管部门应与行业协会共同督促企业加强环保自律，并通过与单个企业或企业团体签订"绿色行动协议"等方式，鼓励企业自主建立全流程的绿色管理和自查制度，引导企业主动实践绿色发展的社会责任。

第八，加强人才培养体系建设，为绿色制造提供人才保障。把人才培养作为绿色制造体系的重要举措，根据绿色发展的总体要求，着力培养具有战略思维和战略眼光的决策人才，以及掌握高端技术的研发人才等。"十三五"时期，一方面，通过整合国内相关研究和教学力量，开展短期专业技能培训，迅速提高资源评价、装备制造、监测认证、项目管理等领域技术人员的专业水平。另一方面，推动各类高校开设与绿色制造、绿色营销、绿色物流、绿色管理有关的专业，夯实人才基础，逐步建立绿色转型的人才培养长效机制和紧缺人才引进战略机制，为中国工业的健康、自主、绿色发展提供坚实的人力资源保障。同时，积极创造绿色就业岗位，并为传统领域从业人员转向绿色岗位提供各种转岗培训。

（原文载于《经济日报》2015 年 12 月 10 日 14 版）

振兴实体经济要着力推进制造业
转型升级

当前中国经济呈现出缓中趋稳、稳中趋好的增长态势，但也面临着一些重大结构失衡风险的挑战。处理好实体经济与虚拟经济的关系、振兴实体经济、遏制"脱实向虚"趋势是推进供给侧结构性改革的一项主要任务。制造业是实体经济的主体，进一步推进制造业转型升级是中国实体经济振兴的关键着力点。

一 信息化趋势下制造业仍是实体经济的主体

一般而言，实体经济与虚拟经济或者更加中性的符号经济相对应，是指以提供人类生存发展资料、改善人类生活水平和增强人类综合素质为目的的生产服务部门的活动，相对而言，虚拟经济则是以通过发挥货币的支付结算、资本的资源配置、经营风险转移等功能达到"以钱生钱"目的的金融部门主导的活动。因此，判断是否是实体经济的关键标准在于是否直接改善了人类生存发展质量。第一次工业革命以来，伴随着工业化推进，制造业的"制成品"彻底改变了人类的生活方式，人类的生存发展水平得到了极大的提升，人类步入工业社会，制造业成为实体经济的主体。

随着发达国家后工业化社会的到来，经济服务化水平提升，制造业占比逐步降低，金融部门在国民经济中占有比例不断增大，实体经济在经济中的重要意义被低估，虚拟经济脱离实体经济程度也不断增加。当"以钱生钱"的虚拟经济完全脱离了"以物生钱"的实体经济、虚拟资本完全自我循环时，经济泡沫也就产生了，由于"以钱生钱"欲望是无止境的，一旦基于实体经济企业利润"以物生钱"速度无法支撑这种快速膨胀的"以钱生钱"欲望时，经济泡沫越来越大，金融危机随之也就产生了。2007 年的美国金融危机在很大程度上可以归结为虚拟经济对实体经济的过度脱离。在经历美国金融危机以后，发达国家纷纷汲取教训，以制造业为主体的实体经济对一个国家经济长期稳定可持续发展的重要意义又被重新重视，开始不断强调"再工业化"战略和推出吸引制造业回流的政策。

近些年来，随着新工业革命的深化，工业化和信息化逐步深度融合，第一、第二、第三产业界限日趋模糊，信息化对人类的生活方式的影响正在加剧，实体经济本身内涵叠加了更多的信息经济、数字经济的内涵。但是，制造业作为实体经济的主体地位并没有变化，只是制造业自身正经历着转型升级的巨大变革。信息化、服务化、绿色化、高端化、个性化成为制造业发展的重要趋势，智能制造成为制造业转型升级的制高点。在智能制造驱动下，新产业、新业态、新商业模式层出不穷，推动了智慧农业、智慧城市、智能交通、智能电网、智能物流和智能家居等各个社会经济领域的智能化发展。因此，信息化社会下人类生活方式的巨大变革，真正的驱动力量还是来自制造业，对于信息化背景下的实体经济，制造业仍具有主体地位。

二　实体经济供给结构失衡制约跨越"中等收入陷阱"

伴随着中国的快速工业化进程，中国的实体经济取得了巨大的发展成就，粮食产量和制造业产出占世界的比例都超过了20%，在500余种主要工业产品中，中国有220多种产量位居世界第一，自2010年中国制造业产出一直保持世界第一大国地位，中国已确立实体经济总量世界大国的地位。但是，中国实体经济供给结构矛盾还十分突出，体现为实体经济中低端和无效供给过剩、高端和有效供给不足的结构性失衡。具体在制造业上，产品结构还无法适应消费结构升级变化，高品质、个性化、高复杂性、高附加值的产品的供给能力不足，中国制造质量水平亟待提升，高端品牌培育不足；产业组织不合理，存在大量的"僵尸企业"，优质企业数量不够，尤其是世界一流企业还很少；产业结构高级化程度不够，钢铁、石化、建材等行业的低水平产能过剩问题突出并长期存在，传统制造业中的关键装备、核心零部件和基础软件严重依赖进口和外资企业，新兴技术和产业领域全球竞争的制高点掌控不足；国际产业链分工地位有待提高，产业亟待从低附加值环节向高附加值环节转型升级；产业融合还有待加强，工业化和信息化的深度融合水平、制造业和服务业的融合水平还需要进一步提升。

实体经济供给结构失衡使得在经济增长新阶段难以建立起新的动态供求均衡关系。中国已经步入工业化后期，按照人均国民收入看，中国也进入了中等收入阶段。这个时期城市化进程加快，人口结构变化和收入水平提高带动的消费升级明显，模仿型排浪式消费主导的阶段逐步结束，高品质、个性化、多样化消费渐成主流。而长期以来工业化进程所形成的实体经济供给结构短期内无法适应消费需求结构转型升级的需要，于是产生供求结构失衡。全球化和信息化又提供了充分的便利条件，使得大量的消费力量转移到国外，进一步影响了国内实体经济发展、加剧了实体经济供求结构失衡。这种实体经济供求结构性失衡，必然会引致实体经济效率逐步降低，从而资本投入实体经济回报率下降。实体企业面对着国内投入回报降低以及由于城市化进程带来的日益提高的国内运营成本，一些企业开始将生产能力转移到国外，"制造业空心化"风险加大。更令人担忧的是大量资本开始"脱实入虚"，或者进入房地产市场炒作，或者在资本市场自我循环，追求在虚拟经济中自我循环，不断加大资产泡沫，离实体经济越来越远，最终产生实体经济与虚拟经济的结构失衡，实体经济"萎靡"与虚拟经济"狂欢"形成巨大反差。以农业，工业，建筑业，批发和零售业，交通运输仓储和邮政业、住宿和餐饮业的生产总值作为实体经济口径计算，中国实体经济规模占 GDP 比例从 2011 年的 71.5% 下降到 2015 年的 66.1%，而同期货币供应量 M2 是 GDP 的倍数从 1.74 倍上升到 2.03 倍。麦肯锡最近一份针对中国 3500 家上市公司和美国 7000 家上市公司的比较研究表明，中国的经济利润 80% 由金融企业拿走，而美国的经济利润只有 20% 归金融企业。这种"脱实入虚"的失衡趋势如果得不到有效控制，资产泡沫会越来越大，最终可能会导致金融危机。

对于一个中等收入阶段的国家而言，之所以容易陷入经济长期低迷的"中等收入陷阱"，因为在这个阶段存在上述由实体经济供给结构失衡引起的效率损失，这可以认为是从工业化进程主导经济增长到城市化进程主导经济增长转换过程的"效率鸿沟"，它的存在加大了经济危机发生的概率，而要跨越这个"效率鸿沟"、避免经济危机并非易事。世界工业化进程表明，只有为数不多的后发国家真正跨越了"中等收入陷阱"。

这需要通过技术创新来深化工业化进程、促进制造业转型升级、提高实体经济供给质量，化解供给结构失衡矛盾，建立新的供求动态均衡，从而保证经济可持续增长、步入高收入经济发展阶段。因此，通过深化供给侧结构性改革来化解实体经济结构失衡、提高实体经济供给体系质量和效率，是决定中国经济能否跨越"中等收入陷阱"的关键，我们必须从这个高度认识振兴实体经济的重大意义。

三　以制造业转型升级促实体经济振兴

振兴实体经济、化解实体经济供给结构失衡必须放在供给侧结构性改革的政策框架下推进。制造业作为实体经济的主体，在坚定不移地降低制造业制度成本、减轻各类政策性负担、减少低端无效产能供给、处置"僵尸企业"的同时，更要着力促进制造业转型升级，推进战略性新兴产业发展和传统制造业技术改造，提高制造业供给质量，培育经济增长新动能，这无疑对于化解实体经济供给结构失衡、振兴实体经济至关重要。

一是正确处理降低成本与提升质量关系，持续提升中国制造产品质量。虽然中国制造业体系十分完整，能生产联合国工业门类中的所有产品，但在低成本工业化战略驱动下，产品档次偏低，标准水平和可靠性不高，缺乏世界知名品牌，2016年世界 500 强制造业品牌数量仅占 2%，中国制造的产品质量和品牌在消费者心目中的地位一直没有得到有效提升。制造业转型升级的终端体现的是产品质量和企业品牌的提升，制造强国首先一定是质量强国。中国制造业一定要走出为了降成本而牺牲质量的误区。围绕提升质量，企业必须持续强化全面质量管理，不断进行管理创新和工艺创新，建立精益求精的"工匠精神"文化，而国家必须加强计量、标准、认证认可和检验检测等国家质量基础（NQI）建设，其中计量是控制质量的基础，标准是指引质量提升的基础，认证认可是建立质量信任的基础，检验检测是衡量质量的基础。

二是正确处理服务业和制造业关系，生产性服务业发展要有利于提升促进制造业转型升级。近几年中国经济服务化趋势十分明显，工业比重持续下降，但由于服务业"鲍莫尔成本病"以及服务业自身结构转型升级缓慢，服务业的效率远低于制造业，中国存在经济结构升级、效率降低的"逆库兹涅茨化"风险。"中等收入陷阱"问题本质上是一个效率问题，跨越"中等收入陷阱"要求制造业和服务业之间形成一个互相促进转型升级、进而提高效率的良性机制。生产性服务业要大力发展，但一定要以促进制造业转型升级、提升制造业效率为目的，资本市场建设要围绕培育战略性新兴产业、利用新技术全面改造传统制造业这个中心，坚决避免虚拟经济过度偏离制造业而形成泡沫经济。

三是正确处理对外开放与自主创新的关系，重视发挥外资对中国制造业转型升级的作用。虽然中国进入更加强调自主创新的发展阶段，但是自主创新与对外开放、消化引进国外先进技术、促进公平市场竞争等政策并不矛盾，何况消化引进再创新本身就是自主创新的一种重要的方式。毋庸置疑，任何一个国家都需要培育自身自主创新能力，努力占领技术制高点，减少技术对外依存度，但是当今的世界，自主创新能力培育的方式不是闭关锁国，而是在扩大开放基础上交流融合创新。当前中国需要进一步营造公平竞争环境，推动新一轮高水平对外开放，充分发挥外资在高端、智能、绿色等先进制造业和工业设计、现代物流等生产性服务业的作用，促进中国制造业沿着高端化、智能化、绿色化、服务化方向转型升级。

四是正确处理产业政策与竞争政策的关系，重视发挥竞争政策对制造业产业组织的优化作用。当前中国进入工业化后期，虽然产业政策在培育战略性新兴产业、激励创新、淘汰落后产能等方面还有重要作用，但中国长期以来习惯采用的强选择性产业政策的不适应性日益突出，而以完善市场竞争秩序、创造有利于技术创新的生态环境为基本导向的竞争政策的意义则更为显著。在这种背景下，2015 年 10 月 12 日《中共中央国务院关于推进价格机制改革的若干意见》明确指出，加强市场价格监管和反垄断执法，逐步确立竞争政策的基础性地位，加快建立竞争政策与产业、投资等政策的协调机制。因此，建立和完善竞争政策的作用机制，促进制造业中、小微企业公平参与市场竞争，优化制造业产业组织结构，发挥中、小微企业在颠覆式创新中的作用，对制造业转型升级具有重要意义。

（原文载于《经济日报》2017 年 2 月 10 日 14 版）

中国产业政策的基本特征与未来走向

改革开放以来，至少有两个主题的讨论在中国经济学界一直是"长盛不衰"的，一是关于国有企业改革问题，一是关于产业政策问题。在改革开放 30 多年中，虽然有关这两个主题的讨论有段时间会相对趋于沉寂，但似乎总在一段时间后又被"唤醒"。关于产业政策的讨论，在进入 2016 年后，又成为经济学界的一个热点。虽然有关这些讨论被有的经济学家批评为因认识事情本质不够而"转圈"的现象（吴敬琏，2016），但是应该认识到这种重新讨论在中国步入工业化后期的经济新常态背景下具有促进产业政策转型的积极意义。

一　关于产业政策的基本认识

在经典的西方科教学书中，财政政策、货币金融政策、收入分配政策、国际贸易政策、农业政策、劳动政策、反垄断政策等构成了经济政策体系的核心内容，产业政策难见踪影。产业政策产生于20世纪50年代的日本的实践，随着对日本"经济奇迹"的影响，欧美等发达国家和地区也逐步关注产业政策，到20世纪70年代OECD开始研究其成员国的产业政策问题，产业政策这个概念也逐步在世界范围内所接受。关于日本产业政策的评价一直存在着各种争议，有人将日本20世纪中期的"经济奇迹"归结于产业政策，也有人认为产业政策的"主刀"通产省是"臭名昭著"。尤其是进入20世纪70年代以后，随着日本高速增长进入尾声，日本经济学界出现了大量对产业政策反思的研究。

　　一般而言，产业政策是政府为解决产业结构失衡和层次低等经济发展中的问题，实现产业转型升级和优化发展，促进经济快速增长和发展而制定和实施的相关政策措施，是一种相对长期的、供给侧管理的经济政策（黄群慧，2016a）。从日本实践看，产业政策具有政府干预产业部门之间和产业内部资源配置但又要强调尽量避免政府直接介入资源配置、目标是追求经济快速增长的基本特征（杨治，1985，8—9页）。正是由于产业政策所具有的为了实现经济快速增长政府干预产业部门资源配置的这个特征，使得产业政策很容易陷入是自由市场主导还是政府主导的两种意识形态之争。其实，当前中国经济学界的关于要不要产业政策的争论也没有逃脱这种意识形态之争。而且，由于产业政策在操作层面要求既要政府干预资源配置、但又要尽量避免直接介入资源配置，这个"度"的把握十分困难，因此是否存在合意的产业政策也就容易引起质疑。

虽然由于产业政策的上述特征，坚定的新古典经济理论信奉者一直厌恶产业政策，但是许多发展中国家为了实现经济赶超已经普遍接受了产业政策的理念。在这种背景下，"针对产业政策的争论不可能单纯通过讨论来解决，产业政策的有效性终究是要依靠实践的不断积累"（大野健一，中译本，2015，27页），于是更多的经济学者把研究精力放在什么样的产业政策以及如何实施才更为有效，而不是要不要产业政策。

二 中国产业政策的基本特征

日本的产业政策被引进中国学术界，已有30多年的历史。1985年4月中国人民大学出版社出版的《产业经济学导论》（杨治，1985），对日本产业政策进行了系统全面的介绍；1986年2月杨沐等（1986）在《经济研究》撰文，从加强供给管理角度提出中国要尽快研究和实施产业政策，并对中国产业政策的重点和应注意的问题进行了详细分析。实际上，当时学界呼吁对日本产业政策的引入，不仅仅符合了加速中国工业化进程、促进经济快速增长的需要，恰好也符合了中国在计划经济逐步退出后的政府继续主导资源配置、管理产业与企业的需要。虽然现在政府过多主导要素配置受到很多诟病，但相对传统计划经济体制，产业政策实施和推广是很大的进步。对于中国而言，产业政策的引入，具有计划经济渐进转轨和经济赶超的"双重效应"。在这种背景下，自 20 世纪 90 年代以来，产业政策在中国得到了广泛的使用。现在，中国的产业政策已经发展成为形式多元、层级众多、内容复杂的庞大的政策体系，包括政策、法令、条例、措施、规划、计划、纲要、指南、目录指导、管理办法和通知等，甚至政府工作报告、部门决议、会议纪要、领导批示等也会发挥实质性的影响。

迄今为止，经过多年的实践，中国的产业政策已经发展为一套动态复杂的政策组合，包括产业结构政策、产业组织政策、产业布局政策和产业技术政策等各类政策。其中，产业结构政策是按照产业结构的发展规律推进产业结构高级化、进而实现国民经济发展的政策；产业组织政策是为了实现产业组织合理化、形成有效的公平的市场竞争创造条件的政策；产业布局政策是促进生产要素区域配置合理化、高效化而实施的各类政策，例如各类园区政策可以归为这种产业布局政策；产业技术政策是指国家制定的用以引导、促进和干预产业技术进步的政策的总和。虽然现实中常常发生冲突，但从理论设计上说，这四种政策应该是相互配合的，其政策机制应该是相容的。而且，中国在不同的发展阶段和不同的政府层面，其产业政策中的这四类政策的具体内涵有差异，而且产业政策的重点也不同，体现了产业政策组合的动态性。

从内容上看，我国产业政策重点是政府通过补贴、税收、法规等形式直接支持、扶持、保护或者限制某些产业的发展，以加快产业结构转型升级、实现经济赶超，往往倾向于扶持国有大企业、鼓励企业兼并提高集中度、抑制产能过剩和防止过度竞争、补贴战略性新兴产业和激励技术创新等，这更多地可以归类为选择性产业政策或纵向产业政策，而且实施力度比较强。而有关通过人力资源培训、研发补贴、市场服务等形式完善整体产业发展基础功能进而提高产业竞争力的产业政策，即所谓的功能性产业政策或者横向产业政策采用相对较少。具体而言，中国产业政策的主要工具有两大类，一是控制市场准入的限制性审批，审批原则是有保有压、扶优扶强，审批范围涵盖所有重要产业，审批的内容深入到各个技术经济环节；二是认定新兴产业或战略产业，通过税收减免、土地供应等优惠鼓励其发展。从实施效果看，总体上对中国快速推进工业化进程、实现经济赶超发挥重要作用，客观地说，中国快速的工业化进程以及多年的经济快速增长，在相当程度上得益于中国的产业政策。但是，中国的产业政策也存在干预市场和影响市场机制形成的问题，甚至经常产生产业政策实施结果与初衷相反的"事与愿违"的情况。总体而言，中国产业政策具有形式多样、覆盖面过广、直接干预市场、选择性明显等特征（黄群慧，2016b）。

三　中国产业政策的未来走向

与日本在经历高速增长后的 20 世纪 70 年代后期开始反思产业政策的背景有些相似，当前中国已经步入了工业化后期，经济呈现出增速趋缓、结构趋优、动力转换的经济新常态特征，中国也到了认真反思长期以来所实施的强选择性的产业政策的时候了。从工业化进程看，在工业化初中期阶段，处于后发国家赶超的需要，选择性产业政策的确发挥了重要的作用，尤其是扶大限小对促进重化工主导产业的发展作用明显。但是，在进入工业化后期以后，中国进入从要素驱动向创新驱动的经济"新常态"，经济增速从高速转为中高速，模仿型排浪式消费阶段基本结束，低成本比较优势不可持续，市场竞争从低成本转向差异化，通过引进、模仿及学习得到的后发优势将逐渐耗尽，要素规模驱动力减弱，经济增长将更多依靠人力资本质量和技术进步。这种背景下，中国长期以来习惯采用的强选择性产业政策的不适应越来越突出，以激励完善市场竞争秩序、激励创新为基本导向的功能性产业政策的意义更为显著；按照产业结构、产业组织、产业布局和产业技术政策的分类，直接干预产业结构形成的产业结构政策的重要性日益下降，而强调产业组织合理化的产业组织政策、激励创新的技术创新政策意义更加突出。

同样，从中国的市场化改革进程看，经过了 30 多年的市场化改革，中国的市场化体系也日渐完善，产业政策作为政府调控经济的手段也需要发生变化。2015 年 10 月 12 日《中共中央国务院关于推进价格机制改革的若干意见》发布，《意见》明确指出，加强市场价格监管和反垄断执法，逐步确立竞争政策的基础性地位，以及加快建立竞争政策与产业、投资等政策的协调机制。这意味着，从市场化改革的要求方面看，竞争政策是基础地位，而产业政策要与竞争政策协调，长期以来中国一直实施以政府选择、特惠措施为主的产业政策取向，在新时期要转向普惠性、促进公平竞争和科技进步的产业政策取向，从而促进竞争政策基础地位的逐步实现。

在经济新常态和全面深化市场化改革的背景下，产业政策转型具有急迫性。如果不积极推进中国产业政策转型，那种违背产业政策初衷的"事与愿违"将可能成为产业政策实施的常态。最近的新能源汽车的补贴政策就在一定程度上出现了这种情况。从促进战略性新兴产业发展、加快产业结构高级化的目标考虑，近年来中国实施了对新能源汽车的强激励政策，一辆车的补贴的金额甚至可以达到 20—30 万元，同时还给予新能源汽车牌照便利。于是新能源汽车出现了"井喷"，近两年世界上约 40% 的新能源汽车都是在中国销售的。2016 年前三季度，中国新能源汽车生产 30.2 万辆，销售 28.9 万辆，比上年同期分别增长 93.0% 和 100.6%，这样的高速增长在任何正常成长的行业都是少见的。但是，这种快速增长的背后是中国新能源汽车行业的核心技术仍在国外，更为糟糕的是由于新能源汽车的补贴政策过于强，补贴方式也存在一定的问题，对于汽车企业而言，与其去推动技术进步，还不如琢磨如何去钻政策的空子"违规谋补"，于是近两年出现了多家汽车企业"骗补"的问题。在惩罚这些"骗补"的汽车企业的同时，我们必须认识到，"骗补"是这种补贴激励过高和限购这些强市场干预政策的必然结果。惩罚这些"骗补"汽车企业仅仅是"治标"，更为根本的措施是反思新能源汽车产业政策本身存在的问题，包括反思是否干预了市场的技术路线选择，反思补贴力度是否过强，反思补贴方式是否恰当。

但是，对于中国这种具备计划经济转型、发展中国家赶超双重背景的社会主义大国而言，产业政策转型并非易事。一方面，长期以来的政府管理经济行为习惯以及庞杂的产业政策体系难以短期改变，中国产业政策还会存在相当长时间的"路径依赖"效应；另一方面，政府体制机制改革进展相对缓慢，地方政府追求短期 GDP 业绩导向还没有得到根本性的改变，跨越式发展的赶超意识还十分强烈，强选择性产业政策仍是政府最有效直接的政策工具。从根本上说，产业政策的转型，不仅仅是产业政策内容的变化，更为根本的是政府的体制机制改革和治理能力现代化水平的提升，这将是一项任重而道远的任务。

（原文载于《探索与争鸣》2017 年第 1 期，这里有删节）

后　记

　　《新常态下的经济改革与产业发展》是我的一本文集，按照出版社的要求，我在文章选择的时候遵循了以下几方面原则：一是文章发表时间上都是最近两三年的，绝大多数是2015年和2016年发表的，有少数几篇是2014年和2017年的；二是文章类型属于理论文章和对策研究，并不包括严格意义的学术论文；三是文章多数是发表在《人民日报》《光明日报》《经济日报》和《求是》杂志"三报一刊"上，另外还有《经济参考报》《上海证券报》等报刊，这些年发表在学术杂志的学术论文基本没有收录在内；四是这些年有关一些报刊的记者对我的专访，大约不少于十几篇，也没有收录在内。所以，这本文集既不是最近几年我的全部文集，又不是学术论文集，也不是记者采访类的大众普及读物文集，其准确定位应该是我最近几年的理论文章和对策研究文章的汇编。

　　虽然是个文章汇编，但我在收录整理的时候，并没有按照发表时间顺序，而是按照文章主题内容的逻辑主线进行梳理的。第一篇"工业经济新常态"的文章主题都是对近几年中国的经济发展阶段和工业经济运行状况的分析和判断；第二篇"供给侧改革新思考"的文章主题是供给侧结构性改革，突出了对宏观层面的供给侧结构性改革的思考研究；第三篇"国企改革新探索"的文章则聚焦到微观层面的国有资本、国有企业的改革问题的研究；第四篇"产业发展新趋势"的文章主题是世界产业发展趋势和中国未来产业发展战略的分析研究。正如《新常态下的经济改革与产业发展》书名所表明的，全书遵循了"现状分析判断"—"宏观结构调整"—"微观企业改革"—"发展战略建议"的一个基本逻辑主线。实际上，如果忽略这些文章单篇发表的界限，我相信读者是可以将本书作为一本专著来阅读的。

　　这本文集实际上是我的第一本文集，虽然也有出版社约我出版文集，但限于时间和种种考虑都放弃了。今天编辑这本文集，主要的目的是整理一下这几年的成果，为未来进一步研究来奠定基础，期望能有一个新的起点。当然本书的出版，应该归功于中国社会科学出版社赵剑英社长，没有他的热情鼓励和鞭策，我想我是没有勇气去整理出版自己的文集的，这里我要对他表示由衷的谢意，同时要感谢中国社会科学出版社重大项目出版中心主任王茵女士及其团队的高效细致的工作。当然还要感谢原来发表本文集中这些文章的报刊和相关编辑，尤其感谢光明日报社张雁女士、人民日报社张怡恬女士、经济日报社欧阳忧忧女士、《求是》杂志社王兆斌先生、《经济参考报》金辉先生。还要说明的是，本文集中有几篇文章是合作研究的结果，我要感谢我的合作者——余菁、杨丹辉、李晓华、贺俊、原磊、叶振宇、王欣和邵婧婷，感谢他们同意将我们的合作成果收录在本文集中。本文集的研究也得到了文化名家和"四个一批"人才基金、国家社会科学基金重大项目"'中国制造2025'的技术路径、产业选择与战略规划研究"（批准号15ZDB149）的资助。

最后，诚恳欢迎读者批评指正！

黄群慧

2017 年 4 月 22 日